요즘 초등 사춘기
부모님만 모르고 있습니다

•일러두기
본문에 실린 에피소드는 실제 사례를 토대로 재구성되었으며 인명은 가명으로 표기하였습니다.

초2부터 중3까지, 빨라지고 길어진 요즘 사춘기 수업

요즘 초등 사춘기 부모님만 모르고 있습니다

· 초등교육전문가 김선호 지음 ·

길벗

프롤로그

요즘 사춘기가 달라졌다

· · ·

이렇게 힘든 1학년은 처음이에요

얼마 전, 저학년 아이들의 해맑은 미소가 좋아서 1~2학년만 주로 맡아왔다는 선생님의 하소연을 들었습니다. 처음에는 그저 올해 유달리 힘든 아이들이 우리 반에 몰렸나 보다 했답니다. 하지만 다른 반 선생님들도 비슷한 고민을 하는 것을 보고 이것이 몇몇 아이의 문제가 아님을 깨달았다고 합니다. 실제로 최근 몇 년 사이 초등 저학년 담임의 고충이 늘고 있습니다. 힘겹다고 하소연하는 상황은 저마다 다르지만 공통점도 분명 있습니다.

1~2학년 교실의 공통점은 한마디로 '고집불통'입니다. 이제 8~9세밖에 안 된 아이들이 왜 그리 고집이 센지, 도무지 말을 들을 생각조차 안 한다고 선생님들은 입을 모읍니다. 강하게 훈육을 해도 미동도 하지 않는 모습에 되레 무시를 당한 듯해 자괴감마저 들었다고도 합니다. 과거 3~4학년 정도 아이들이 보이던 사춘기 전조 증상이 2년 정도 앞당겨진 모습입니다.

　한편 3~4학년 교실에서는 이미 아이들 간 '그룹 작업'이 본격적인 양상을 보입니다. 그룹 작업이란 몇몇 아이가 똘똘 뭉쳐 권력을 행사하는 것을 말합니다. 이 또한 전에는 5~6학년 사춘기 아이들이 보이던 전형적 패턴이 3~4학년으로 앞당겨진 것입니다. 물론 그룹 작업은 긍정적 의미에서 '또래 문화'라고 볼 수도 있습니다. 문제는 타인과의 관계를 유지하려면 서로 적정한 거리감을 지켜주고 존중해줘야 하는데 사춘기가 일찍 찾아와버린 아이들은 관계에서 비롯되는 감정 문제에 대응할 정서적 준비가 덜 돼 있다는 것입니다. 그러다 보니 지나친 애착을 보이거나 다툼과 폭력으로 관계 문제를 해결하려는 양상이 눈에 띄게 늘어나고 있습니다.

실제로 세계 여러 나라에서 발표되는 현대 사춘기 관련 연구 보고서를 보면 요즘 아이들의 사춘기 시작 연령이 그 부모 세대보다 평균 2년 정도 앞서는 것으로 나타납니다. 심지어 그 기간도 더 길어져 거의 10년간 사춘기가 지속된다고 합니다. 사실 우리나라의 경우는 이미 10년 전부터 나타난 현상으로 보통 초등 5~6학년, 빠르면 4학년에도 사춘기가 시작됐습니다. 최근에는 이런 현상이 더욱 심화돼 '빨라진 사춘기'는 3~4학년으로 고정됐다고 봐야 할 만큼 크게 앞당겨진 상황입니다.

'설마 초 3인데 사춘기겠어?'

가정에서도, 교육 현장에서도 사춘기를 너무 빨리 접하다 보니 엉뚱한 곳에서 원인을 찾느라 시간을 보내고 있습니다. 유년기에 어떤 정서적 학대가 있었는지, 주의력결핍 과다행동장애(이하 ADHD)나 경계선 지능장애는 아닌지, 유독 권위자에게만 대응하는 적대적 반항장애는 아닌지 걱정하면서 말입니다. 사실 아이는 미취학 시기부터 전조 증상을 보였을 것입니다. 다만 이를 인지하지 못한 부모나 선생님이 아이가 하루아침에 달라졌다고 느껴 그 모습을 이해하고 받아들이기 힘든 것뿐입니다.

요즘 초등 사춘기, 이대로 괜찮을까?

특히 최근에는 초등 저학년의 학교 폭력이 연일 문제되고 있습니다. 서울시교육청 자료(2020~22년 8월)에 따르면 서울 소재 초등학교 1~2학년 학교폭력대책심의위원회(이하 학폭위) 심의 건수는 무려 297건입니다. 서울에 있는 초등학교는 600개 정도입니다. 그렇다면 단순히 계산했을 때 최근 3년 사이 학교 절반은 1~2학년 학폭위 심의가 열린 셈입니다. 교육청 학폭위 최종 심의까지가 이 정도라면 학교 자체 종결로 끝난 경우와 학폭위 신고를 하지 않은 경우까지 포함했을 때 서울의 거의 모든 초등학교에서 저학년 학교 폭력이 있었다고 봐도 무리는 아닐 것입니다. 처음 학폭위 제도가 도입될 때, 저학년 아이가 학폭 대상이 되리라고 상상한 사람이 과연 얼마나 될까요?

부모 세대에는 흔히 "애들은 다 싸우면서 크는 거야"라고 했지만 요즘의 학교 폭력을 가벼운 싸움 정도로 생각하면 곤란합니다. 실제로 저학년뿐 아니라 전 학년 학교 폭력 비율이 높아지고 있습니다. 2023년 교육부에서 실시한 '학교 폭력 실태 조사'에 따르면 '학교 폭력을 당했다'는 답변이 최근 10년 사이 최고치를 기록했습니다. 특히 언어폭력과 사이버 폭력 비율은 감소했지만 직접적인 신체 폭력은 오히려 상승하는 추세였다는 점이 걱정스러운 부분입니다.

저는 학교 폭력이 저학년으로까지 확대된 일련의 사태가 빨라진 사춘기와 연관이 있다고 봅니다. 단순히 학교교육이나 가정교육 문제로는 설명되지 않는 부분이 많기 때문입니다. 실제로 학교 폭력 예방 교육이 더 심화되고 있음에도 학교 폭력 대상이 저학년까지 확대되고 있다는 점에서 교육 부족이 아닌 아이의 심리·정서적 변화가 문제 원인일 가능성이 더 크다고 보입니다. 이는 사춘기를 예전처럼 일시적인 질풍노도의 시기로 바라봐서는 안 되는 이유기도 합니다.

• • •

빨라진 사춘기 파도를 유연하게 넘으려면

예전에 사춘기 아이를 둔 부모의 걱정이 주로 '우리 아이가 사춘기를 좀 가볍게 겪었으면…' 하는 것이었다면 이제는 조금 다릅니다. '사춘기가 그냥 적정기에만 와줬으면' 하고 바랍니다. 그것만으로도 감사한 일이 돼버린 상황입니다.

사실 초등 고학년이 사춘기를 겪는 과정은 힘들기는 해도 시기상 큰 문제는 없습니다. 아이들이 적정 시기에 사춘기를 맞으면 또래 집단을 형성하고 그 안에서 자신들만의 규율과 법칙을 만들며 이를 바탕으로 교감을 나누며 관계를 맺으니까요. 하지만 저학년 시기에 사춘기가 시작되면 아이들은 심리·정서적으로 여러 어려움을 겪습니다. 가장 먼저 다른 아이들과 대화나 소통을 하기가 어려워집니다. 그러면 무리에서 쉽게 고립돼 버립니다. 고립감이 커질수록 불안감도 높아집니다. 문제는 이 나이 아이는 내면의 불안이나 분노를 조절하는 충동 제어가 쉽지 않다는 것입니다. 충동 제어는 우리 뇌에서 전두엽이 맡고 있는 가장 핵심적인 기능 중 하나입니다. 전두엽은 문제 해결이나 자기조절 등의 기능을 담당하는 곳으로 뇌의 모든 부분에서 가장 늦게까지 성장하며 발달 속도도 매우 느립니다. 전두엽이 대대적으로 발달하는 시기는 대략 12~17세라고 알려져 있습니다. 초등 저학년의 경우 전두엽이 충분히 발달하지 않아 감정을 조절하기가 더 어려운 것입니다.

그럼 도대체 왜 요즘 아이들의 사춘기가 빨라졌을까요? 그 원인에 관한 연구가 전 세계적으로 진행되고 있습니다. 각각의 연구는 비만, 환경 호르몬, 정서 학대, 스트레스 등을 그 요인으로 보고 있지만 아직 분명한 원인은 밝혀지지 않았습니다. 이렇게 하나의 결정적 원인을 찾지 못할 때는 문제에 종합적으로 접근하는 방법이 도움이 됩니다.

먼저 요즘 아이들의 사춘기가 앞당겨진 상황을 인지해야 합니다. 그런 다음 부모의 시야를 벗어난 곳에서 아이가 겪을 수 있는 다양한 문제를 미리 알고 대비해야 합니다. 사춘기에 대한 반응은 아이마다 다릅니다. 어떤 아이는 친구 관계에서 어려움을 겪고 어떤 아이는 충동성으로 어려움을 겪습니다. 또 어떤 아이는 불안이나 우울 때문에 힘겨워하기도 합니다. 도저히 납득할 수 없는 심한 장난을 하는 아이가 있는가 하면 이성 친구 관계에서 문제를 일으키는 아이도 있습니다. 아이마다, 상황마다 다른 해결책이 필요합니다.

부모에게는 아이가 건강한 어른으로 성장해가는 과정에 필요한 환경을 만들어줄 의무가 있습니다. 지금부터 이 책 전반에 걸

쳐 빨라지고 길어진 우리 아이 사춘기에 대처하는 방법을 안내하려고 합니다. 부모 세대가 겪어보지 못한 거센 사춘기 파도를 아이들이 심리·정서적 안정감에 몰입하며 유연하게 타고 넘어갈 수 있도록 사춘기라는 바다에 함께 뛰어들어 봅시다.

초등교육전문가 김선호

차례

프롤로그 요즘 사춘기가 달라졌다 4

 1장 빨라진 사춘기, 달라진 학교생활

01 좌절감 블랙홀에 빠지다
요즘 사춘기를 위협하는 좌절감 블랙홀 21 | 좌절감의 주 요인은 이상과 현실의 괴리 23 | 좌절감을 표현할 언어를 찾아주자 25 | 자기감정을 직시하게 하자 27

02 불안의 늪
가짜 뉴스를 믿는 아이들 30 | 불안이 만드는 몸과 마음의 병 33 | 요즘 아이, 왜 가짜 뉴스에 취약할까? 34 | 불안의 늪에서 빠져나오는 방법 37

03 관계 중독? 손절 중독?
사춘기 아이에게 또래 집단이란 39 | 요즘 아이, 왜 관계 맺기를 어려워할까? 41 | 10대 또래 집단 더 깊게 이해하기 45

04 사춘기 '조기' 성교육
조퇴하는 남자아이들 49 | 빠른 사춘기와 이성 문제 51 | 1학년부터 시작하는 사춘기 성교육 53

05 교묘해지는 학교 폭력
그냥 장난친 건데 왜요? 58 | 사춘기만큼 빨라진 학교 폭력 60 | 피해 학생 부모라면 62 | 가해 학생 부모라면 64 | 요즘 사춘기 자녀의 부모라면 65

선호쌤의 사이다 한 잔 68

현명한 부모의 사춘기 대비하기

01 사춘기 자녀와의 라포 형성
아이와 연결된 마음의 다리 73 | 라포 형성의 시작 77 | 아이 스스로 선택할 기회 80

02 상담가로서의 부모
헷갈리기 쉬운 공감 육아 82 | 우리 대화는 어디를 향해 흐르는가 84 | 부모의 내면아이 구출 작전 87 | 침묵은 단절이 아니다 89

03 사춘기 자녀의 학습
그놈의 공부, 공부, 공부! 91 | 열 보 전진을 위한 일 보 후퇴 93 | 스스로 공부하고 싶어지는 부모의 말 96

04 사춘기 아이와 잘 싸우는 부모
엄마를 이기는 아이 100 | 사춘기 아이와 현명하게 싸울 수 없을까? 102 | 권위 있는 엄마 되기 104

선호쌤의 사이다 한 잔　107

3장 사춘기 문제 행동 수정하기

사춘기 아이를 크게 성장시키는 세 가지 능력

01 의지력이 아니라 습관을 길러라
사춘기, 비판적 사고가 시작되는 시기 111 | 마시멜로의 함정 113 | 습관은 애쓰지 않는다 115

02 자기중심적 사고를 넘어서기 위한 공감 능력
이게 정말 장난이라고? 119 | 자기중심적 사고에 머무는 요즘 사춘기 121 | 타인 공감 능력을 키워라 124

03 자존감을 키우는 언어 습관
뇌를 망가뜨리는 언어 습관 127 | 욕설보다 위험한 부정적 언어 습관 130 | 말은 생각을 바꾸고 생각은 행동을 바꾼다 133

자칫 중독으로 번지기 쉬운 사춘기 습관

01 아이돌 덕질에 진심인 아이들
그냥 좋으니까 좋아 137 | 좋다, 싫다 vs 옳다, 그르다 140 | 건강한 몰입을 위한 자기조절력 142 | 몰입 대상이 주변 인물이라면 143

02 자극적 콘텐츠에 노출된 아이들
음란물을 보는 초등 아이 146 | 호기심과 모방심리가 왕성한 아이들 148 | 음란물 중독에서 벗어나는 법 150

03 무시할 수 없는 사춘기 섭식장애
뼈만 남았으면 좋겠어 153 | 채워지지 않는 심리적 허기와 위험성 155 | 우리가 함께 밥을 먹어야 하는 이유 157

사춘기 몸과 마음을 지키는 법

01 스트레스 관리는 원인보다 반응에 집중하라
어쩌면 사춘기 번아웃 증후군 161 | 아이 스스로 스트레스 해소하는 법 163 | 부모와 함께 스트레스 관리하는 법 165

02 학교를 집어삼킨 조용한 우울감
우울한 아이들이 늘었다 169 | 사춘기 정서 안정에 도움이 되는 방법 172 | 부모의 정서는 안정적인가 174

03 지금 우리 아이는 연애 중!
사춘기 연애가 뭐 어때서? 177 | 아이가 연애를 시작했다면 179 | 이성 친구와 잘 헤어지는 법 182

04 아이가 자기 몸에 상처를 낼 때
자해하는 아이들 185 | 할 수 있는 게 이것뿐이라서 187 | 아이가 자해한다는 사실을 알았다면 189

05 사춘기로 오해하면 안 되는 정신질환
소아기 정신질환 1위 적대적 반항장애 193 | 소아기 정신질환 2위 ADHD 197

선호쌤의 사이다 한 잔 200

요즘 사춘기를 위한 교육

01 알고리즘 끊기
알파세대의 스마트폰에는 무엇이 들어 있을까 **205** | 아이 뇌를 망가뜨리는 알고리즘 편향성 **208** | 편향성 바로잡기 **211**

02 완벽하지 않은 나로 살아간다는 것
사춘기, 인정 중독에 빠지다 **213** | 모범적인 아이의 진짜 속마음 **215** | 인정 욕구에 갇힌 아이 구출하기 **217**

03 진짜 나를 만나는 인문학 질문
사춘기에 꼭 필요한 사유의 도구 **221** | 언어에서 인문학을 만나다 **223** | 하루 한 문장 인문학 질문 **224** | 비판적 사고를 기르는 인문학의 힘 **227**

04 나와 세상을 바꾸는 철학
가르치지 않아도 아이들은 배운다 **229** | 의심은 나쁜 거 아닌가요? **231** | 가르치지 말고 경험하게 하라 **233**

선호쌤의 사이다 한 잔 236

에필로그 사춘기, 이별을 준비하는 시간 **237**

· 1장 ·

빨라진 사춘기, 달라진 학교생활

좌절감 블랙홀에 빠지다

· · ·

요즘 사춘기를 위협하는 좌절감 블랙홀

"오늘도 학교생활 잘하고 왔어?"
"아 몰라! 짜증 나게, 진짜!"

이제 초등학교 3학년이 된 서준이, 도대체 학교에서 무슨 일이 있었기에 부모의 일상적인 질문에도 이토록 짜증을 낼까요? 사춘기 아이는 다 이러니까 그러려니 하고 넘어가줘야 할까요?

착하기만 하던 아이가 버럭 화를 내기 시작하면 처음 부모는 아이 태도에 당황하면서도 '왜 갑자기 화를 낼까? 학교에서 힘든 일이라도 있었나?' 하고 걱정합니다. 그런데 아이에게 이유를 물어도 속 시원한 대답은 돌아오지 않고 무작정 짜증만 내는 일이 잦아지면 점차 아이 태도가 괘씸하고 못마땅하게 느껴집니다. "너 엄마(아빠)한테 그게 무슨 말버릇이니? 내가 그렇게 가르쳤어?"라며 같이 화를 내기도 합니다.

이렇듯 가정에서 내 아이만 보는 부모는 갑작스러운 아이의 짜증을 개인적인 태도 문제로 볼 수밖에 없습니다. 하지만 학교에서 수많은 아이를 마주하는 저는 이런 태도 뒤에 숨은 아이들의 마음이 보입니다. 바로 '좌절감'입니다.

원래 사춘기 이전 아이가 좌절감을 느끼는 상황은 단순합니다. 하고 싶은 것을 하지 못해 욕구가 좌절되는 경우입니다. 떼를 쓰기도 하고 화를 내거나 울기도 하지만 그래봤자 부모에게 혼만 납니다. 이렇게 욕구가 좌절된 상황을 받아들이는 과정을 통해 아이는 예의범절이나 사회규범을 배울 뿐 아니라 감정이나 행동을 조절하는 자기통제력을 기르게 됩니다.

그런데 사춘기가 빨라지면서 아이가 좌절감을 느끼는 상황이 복잡해졌습니다. 나와 가장 친한 줄 알았던 친구가 다른 아이와 더 재밌게 놀 때, 선생님이 나보다 다른 친구를 더 칭찬할 때 실망과 좌절을 느끼기도 합니다. 문제는 이런 좌절에 적절히 대응할 능력이 부족한 나이에 사춘기를 맞이하면서 아이가 보이는 좌절감의 양상도 달라졌다는 것입니다. 저는 이 아이들이 '좌절감 블랙홀'에 빠졌다고 표현합니다. 좌절감 블랙홀에 빠진 아이들의 특징은 크게 세 가지로 나눌 수 있습니다.

1. 어휘력이나 상황 판단력 등이 부족한 상태에서 좌절을 맞이해 인지부조화를 겪으며 필요 이상의 자기방어나 과잉행동을 보임.
2. 스트레스 저항력을 갖추지 못한 채로 복잡한 관계에서 좌절감을 느끼며 높은 우울감, 깊은 소외감을 보임.
3. 머리로는 이해되지만 감정적으로는 받아들일 수 없는 상황에 연속해 노출되면서 자기 자신을 계속 억누르거나 감정을 인지적으로 속여 가짜 자아상을 만듦.

· · ·

좌절감의 주 요인은 이상과 현실의 괴리

요즘 아이들이 좌절감을 느끼는 주 요인 중 하나는 바로 '높은 기대감'입니다. 간혹 자신의 능력이 실제보다 훨씬 더 대단하다고 믿는 아이가 있습니다. 애착을 갖고 신뢰하는 양육자에게서 '뛰어나다' '잘한다' '최고다' 같은 표현을 무분별하게 자주 듣는 아이는 이렇게 잘못된 자아상을 갖게 됩니다. 심리학에서는 이를 '이상적 자아상'이라고 하는데 이상적 자아와 현실적 자아의 격차가 클수록 아이에게는 강한 실망과 좌절, 우울 등이 동반됩니다.

물론 '나는 할 수 있다' '나는 해낼 것이다'처럼 나를 긍정적으로 생각하고 신뢰하는 긍정적 자아관은 초등 시기에 중요합니다. 특히 초등 고학년, 아이가 진로를 고민하는 시기에는 이런 긍정적 자아관이 도움이 됩니다. 그런데 아이에게 긍정적 자아관을 길러주는 것과 무조건 칭찬만 해주는 것을 혼동하는 부모가 많습니다.

긍정적 자아관은 일종의 기대감입니다. '지금은 뛰어나지 않다'는 현실을 수용하고 '하지만 열심히 노력하면 앞으로 이루게 될 거야' 하고 믿는 것입니다. 반면 '뛰어나다' '최고다' 같은 표현은 미래의 기대감이 아니라 현재의 완성된 상태를 가리킵니다. 아직 거시적으로 사고하지 못하는 아이는 자기중심적이며 사고 틀을 상당 부분 부모 말에 의존합니다. 따라서 부모에게 "넌 할 수 있어"가 아니라 "넌 최고야"라는 말만 들으면 '나는 최고야' 하고 현재 자신을 완성형으로 인식해 잘못된 자아상을 갖게 됩니다.

아이에게 긍정적 자아관을 길러주고 싶다면 무조건 잘한다고 말해주는 것이 아니라 실제로 잘한 것을 잘했다고 말해줘야 합니다. 아이가 열심히 노력했지만 그 결과는 조금 부족하다면 "열심히 했구나" "계속 이렇게 노력하면 더 잘할 수 있겠는데"라는 식으로 기대감 섞인 표현을 통해 격려해주는 것이 좋습니다.

• • •

좌절감을 표현할 언어를 찾아주자

그럼 어떤 아이가 사춘기 좌절감 블랙홀에서 잘 빠져나올까요? 보통 자신이 겪고 있는 상황을 언어로 잘 표현할 수 있는 아이가 좌절감에서 빠르게 회복하는 모습을 보입니다. 하지만 빠른 사춘기를 맞이한 저학년 아이들은 표현력과 어휘력이 미숙한 경우가 많습니다. 지금 느껴지는 좌절감을 어떻게 말로 전달해야 할지 모릅니다. 분하고 억울한 마음을 눈물로 대신 표현하기도 합니다. 앞에서 예로 든 서준이처럼 힘들다고 말해야 하는 상황에서 버럭 화를 내거나 짜증을 내기도 합니다.

이럴 때 부모는 같이 언성을 높이는 대신 아이가 자기감정에 해당하는 언어를 찾을 수 있도록 질문해야 합니다. 그리고 아이 스스로 자신의 고민, 아픔, 좌절을 표현하기 위해 적절한 언어를 찾을 수 있도록 기다려줘야 합니다. 아이가 곧바로 감정을 나타내는 언어를 찾지 못할 경우 부모가 아이 이야기를 찬찬히 듣고 적당한 단어를 제시해 주면서 감정 범위에 울타리를 만들어주면 도움이 됩니다.

"서준이 학교에서 무슨 일 있었니? 표정이 안 좋네."

"아 몰라! 짜증 나!"

"아, 그냥 짜증이 나는 거구나. 그럴 수 있지. 보통 마음이 복잡해지면 짜증이 나기도 하거든. 마음이 좀 가라앉으면 이유가 보일거야. 그때 엄마한테 말해줘." (거리를 두고 혼자 있게 해줌)

"(잠시 후 엄마를 찾아와서) 지후 때문에 짜증이 났어. 지후가 이제 다른 애들이랑 더 친하게 놀잖아."

"(알겠다는 표정으로) 아, 지후가 이제 다른 친구랑 더 친해진 것 같아서 서운했구나. 그런 걸 서운하다고 하는 거야. 정말 많이 서운했나 보다." (공감 표현)

"나도 이제 지후랑 안 놀 거야."

"하하하, 얼마나 서운하면 서준이가 그런 결심을 했을까. 서준아, 누구랑 놀지 안 놀지는 서준이가 선택할 수 있어. 그런데 그건 지후도 마찬가지거든. 중요한 건 너의 그 속상함을 먼저 말해보는 거야. 지후에게 나랑 같이 안 놀아서 서운했다고 말해보렴. 그렇게 말했는데도 지후가 너랑 놀지 않을 것 같으면 그때 너도 지후랑 놀지 않겠다고 선택해도 늦지 않아. 아마 지후는 네가 이렇게 서운하다는 걸 모를 수도 있거든." <u>(감정 표현 방법 알려주기)</u>

아이와 함께 책을 읽는 것도 좌절감 블랙홀을 메우는 좋은 방법입니다. 이야기 구조가 비교적 단순한 동화책부터 여러 등장인물의 관계가 얽혀 있는 소설까지 책을 통해 인간 심리가 얼마나 복잡한지 알 수 있고 갈등이 생겼을 때 해결하는 방법도 참고할 수 있습니다. 결정적으로 책은 내 복잡한 내면을 단순하게 정의할 '언어'를 찾을 수 있게 해줍니다. 아직 책으로 언어 찾기가 어려운 아이라면 마음을 그림으로 그려보는 것도 좋습니다. 어떤 방법으로든 자아 상태를 정의해줄 적절한 표현을 찾는 것이 아이가 좌절에 빠져드는 속도나 깊이를 조절하는 데 큰 도움이 됩니다.

• • •

자기감정을 직시하게 하자

좌절감을 극복하는 과정 중 하나는 바로 자기감정을 피하지 않고 직시하는 것입니다. 6학년 2학기 가을, 아이들이 며칠 동안 그룹별로 모여 졸업 앨범에 실릴 사진 포즈를 준비할 때의 일입니다. 점심시간이 끝나고 서연이가 머리가 아프다며 조퇴하고 싶다고 저를 찾아왔습니다. 오전까지만 해도 친구들과 포즈 아이디어를 짜느라 웃고 떠들며 들떠 있었는데 말입니다. 이마를 짚어보니 열은 없고 뭔가 다른 사정이 있는 듯해 물어봤습니다.

"아픈 것 같지는 않은데, 무슨 일 있니?"
"그게요, 전 정말 애들이랑 친하다고 생각했는데 아니었나 봐요."
"선생님이 보기에도 너희들 다 같이 친해 보였는데…."
"제 의견은 전혀 들을 생각도 안 해요."
"음, 친한 거랑 의견을 수용하는 건 다를 수 있어."
"그건 저도 알아요. 근데요, 아무리 그래도 자기들끼리는 다 한 번씩 양보하면서 포즈를 정해놓고 제 의견만 완전히 쏙 빼버렸어요. 그게 기분이 나빠요."
"다른 그룹도 포즈가 거의 정해져서 지금 그룹을 바꾸기는 어려운데 어떻게 할 생각이니? 그렇다고 졸업 사진을 안 찍을 수도 없고."
"찍어야죠. 그런데 얘네랑 계속 친하게 지낼 순 없을 거 같아요."

저와 대화를 나누며 서연이는 자기감정을 솔직하게 표현했을 뿐 아니라 그 감정을 나름대로 잘 성찰하고 있었습니다. 친구들과 졸업 앨범 그룹 사진은 함께 찍겠지만 더는 친한 관계를 유지하기 어렵다는 사실을 인지한 것입니다.

이날 이후 서연이는 혼자 고민하는 시간을 보냈습니다. 친구들과 겉으로만 친한 척하며 계속 그 그룹에 머무를지 아니면 당분간 혼자가 되더라도 피상적인 관계를 끊고 그룹에서 나올지 말입니다. 며칠 후 서연이는 그룹 아이들과 어울리지 않기로 결정하고 단톡방에서도 나왔습니다.

아이가 좌절의 순간을 맞이했을 때 적당히 타협하며 스스로를 속이려 하지 않고 현재 기분이 어떤지, 앞으로 어떻게 하고 싶은지 등 자신의 감정과 욕구를 똑바로 마주하는 과정은 매우 중요합니다. 그러면 좌절을 극복할 수 있을 뿐 아니라 이를 성장 발판 삼아 주체적으로 선택하는 자아를 확립할 수 있습니다.

불안의 늪

· · ·
가짜 뉴스를 믿는 아이들

"선생님! 이제 어떡해요?"
"응? 뭐가?"
"백두산이 곧 폭발한대요!"

햇살 가득한 어느 봄날이었습니다. 화장실 다녀오는 아이들, 친구와 수다 떠는 아이들, 다음 수업을 준비하느라 분주한 아이들로 떠들썩한 쉬는 시간에 불안한 표정으로 제게 다가온 은우가 이렇게 말했습니다. 놀란 저는 되물었습니다.

"응? 뭐라고, 은우야?"
"백두산이 곧 폭발한대요!"
"백두산이 폭발한다고?"
"네, 그러면 다 죽는대요."
"누가 그런 말을 했는데?"
"아이참, 뉴스에 나왔어요!"

은우는 백두산이 폭발하는 위급한 상황을 믿지 못하는 제가 답답하다는 듯 뉴스에서 봤다고 대답했습니다. 도대체 어디서, 무슨 뉴스를 봤는지 찬찬히 물어보니 사실은 유튜브에 올라온 자극적인 가짜 뉴스 영상을 본 것이었습니다. 한 유튜버가 출처가 불분명한 내용을 이것저것 짜깁기해 마치 곧 일어날 일인 것처럼 떠들고 있었습니다. 영상이 뉴스 형식으로 제작돼 올라오는 채널이라 은우가 진짜 뉴스라고 믿은 것입니다.

한번은 이런 일도 있었습니다. 점심시간, 세은이가 급식 반찬으로 나온 김치를 받지 않았습니다. 김치를 싫어하거나 매운 음식을 잘 먹지 못해 김치를 받지 않는 학생이 종종 있긴 하지만 평소 세은이는 반찬을 가리는 아이가 아니었습니다. 오히려 어떤 음식에나 아주 적극적인 편이었습니다. 그런 세은이가 김치를 거부하니 무슨 일이 있는 것은 아닌지 염려돼 물었습니다.

"세은아, 오늘 입맛이 없니? 김치를 안 받았네?"
"그게 아니고요, 배추에 암을 일으키는 물질이 있대요."
"응? 배추가 암을 일으킨다고?"
"네, 어떤 의사가 오랜 연구 끝에 알아낸 거래요. 그래서 김치를 먹으면 안 된대요."
"설마. 그러면 오래전에 우리나라 사람 대부분은 이미 병에 걸렸을걸."
"그러니까요! 이미 많은 사람이 배추 때문에 암에 걸렸는데, 그걸 모르는 것뿐이래요."

요즘 아이들은 이렇게 가짜 뉴스로 불리는 영상이나 기사에 아주 쉽게 노출됩니다. 문제는 대부분의 아이가 그 내용이 사실인지 아닌지 판단할 생각도 하지 않고 '진짜'라고 믿는다는 것입니다. 상식적으로 말이 안 되는 이야기임에도 내용을 의심하거나 생각해 보기보다 제작자나 유포자가 의도한 목적대로 이끌려 가는 것입니다. 이런 가짜 뉴스를 지속적으로 접하는 아이들 마음에는 근거 없는 불안이 싹트기 시작합니다.

불안이 만드는 몸과 마음의 병

 더 큰 문제는 이렇게 누적된 불안이 아이들의 일상과 생활에 영향을 주고 있다는 사실입니다. 불안은 인간이 느끼는 여러 감정 중 하나로 위험한 상황에서 나를 지키기 위한 정상적인 감정이지만 그 강도가 심하면 문제가 될 수 있습니다.

 불안의 늪에 빠진 아이는 보통 아이보다 두려움을 '크게' 느낍니다. 벌레나 새 혹은 그림자나 어둠 같은 다양한 대상에 두려움과 공포심을 표현하기도 하고 청소기나 헤어드라이어 소리, 자동차 경적 같은 생활 소음에도 민감해져 쉽게 놀랍니다. 그러다 보니 갑작스러운 환경 변화를 싫어하고 이를 받아들이기 힘들어합니다. 자연히 새로운 것에 적응하는 시간도 오래 걸립니다.

 때로 자신이 만들어둔 틀을 지키기 위해 고집을 부리며 부모 진을 빼놓는 경우도 있습니다. 예를 들어 아이가 병원에 들러야 해서 평소 4시에 가던 학원에 한 시간 늦게 가야 하는 상황이라고 합시다. 부모 입장에서 학원에 한 시간 늦게 가는 것 정도는 학원 선생님에게 양해를 구해 얼마든지 조율 가능한 일정입니다. 하지만 불안도가 높은 아이는 평소와 다른 상황 그 자체로 스트레스를 받습니다. 자신이 예측할 수 있는, 익숙한 상황에서만 안정감을 느끼기 때문입니다. 그래서 병원에 가지 않고 원래대로 학원에 가겠다고 우기는 것입니다.

쉽게 긴장하고 사소한 걱정이 많아지니 스트레스도 늘어납니다. 심한 경우 여러 신체적 증상이 나타나기도 합니다. '배가 아프다' '머리가 아프다'며 학교에 가기 싫다고 등교를 거부하는 아이도 있고 수면장애나 틱장애를 보이는 아이도 있습니다.

요즘 아이, 왜 가짜 뉴스에 취약할까?

그럼 요즘 아이들은 '백두산이 폭발한다' '배추가 암을 유발한다'처럼 황당한 주장을 왜 그렇게 쉽게 믿을까요? 곧 중학생이 되는 초등학교 6학년 아이조차 가짜 뉴스를 의심하거나 사실을 확인해보지 않고 무비판적으로 수용하는 이유는 무엇일까요?

먼저 지식을 습득하는 과정이 개인화된 것이 원인 중 하나입니다. 부모 세대가 어렸을 때는 미디어 시청이 제한적이었습니다. 아마 온 가족이 거실에 둘러앉아 TV 뉴스나 드라마를 보는 풍경 혹은 서로 보고 싶은 방송을 보겠다고 리모컨 쟁탈전을 벌이는 풍경이 부모에게는 익숙할 것입니다. 하지만 요즘 아이들에게는 이런 경험이 거의 없습니다. 아빠, 엄마, 아이 모두 각자 스마트폰으로 각자 좋아하는 프로그램을 봅니다. 특히 요즘 아이들이 많이 보는 숏폼인 유튜브 쇼츠나 인스타그램 릴스 등은 알고리즘을 통해 끊임없이 새로운 영상을 자동으로 재생해주기 때문에 내 아이가 어떤 영상을 보는지 일일이 파악하기가 어렵습니다. 생각할 틈도 없이 빠르게 재생되는 영상을 아이들은 곧이곧대로 믿어버립니다.

게다가 스마트폰 사용으로 인해 그렇지 않아도 부족한 아이들의 독서 시간이 현저하게 줄었습니다. 사실 책은 대표적인 정보 습득 수단입니다. 신문이나 잡지, 단행본 같은 출판물은 사실 확인 없이 무분별하게 속도전을 벌이며 확산되는 온라인 뉴스 등의 콘텐츠와 달리 나름 여러 전문가의 검증을 거쳐 만들어집니다. 다시 말해 정보의 신뢰도가 비교적 높습니다. 그런데 취학 전 유아기부터 자연스레 책 대신 스마트폰을 손에 쥐는 요즘 아이들은 책보다는 스마트폰을 통해 정보를 습득합니다. 문제는 독서 시간이 줄면서 문해력이 낮아지고 비판적으로 글을 읽는 훈련도 하지 못하다 보니 질 낮은 정보를 걸러낼 능력도 부족하다는 것입니다.

특정 과목만 문제집 위주로 학습하다 보니 단편적 지식만 습득하게 되는 것도 주 요인 중 하나입니다. 요즘은 아이가 초등학생일 때부터 의대 입시를 준비해야 한다고 합니다. 오죽하면 교육부와 교육청이 과도한 선행학습 성행을 우려해 의대 입시 준비 학원을 중심으로 학원법 위반 여부 특별 점검을 실시할 정도입니다. 이 같은 선행학습에 따라 수학이나 과학 등 특정 분야에는 지식 수준이 높지만 그 외에는 가장 기초적이고 상식적인 생각과 질문조차 하지 못하는 아이들을 종종 보게 됩니다.

마지막으로 아이가 일상적인 대화를 나눌 시간이 눈에 띄게 줄었습니다. 맞벌이 가정 부모는 퇴근 후 요리나 청소, 빨래 같은 기본적인 집안일을 하기에도 시간이 부족합니다. 아이 숙제도 간신히 봐줄 때가 많습니다. 휴일에는 아빠도 엄마도 유튜브나 넷플릭스 등의 OTT 채널을 보며 시간을 보냅니다. 밤늦게까지 게임을 하는 부모도 있습니다. 부모조차 사회현상에 관심이 적고 어떤 문제에 비판적으로 접근하지 않습니다. 그런 것까지 신경쓰기엔 너무 피곤합니다. 부모와 자녀가 함께 식사를 하거나 콘텐츠를 보며 자연스럽게 대화를 나누고 의견을 공유하면서 철학적, 윤리적 지식을 전수할 기회가 이렇게 점점 사라집니다.

간단히 말해 불필요한 정보는 넘쳐나는데 꼭 필요한 정보는 오히려 습득하지 못하고 있는 것입니다. 보편적 상식의 부재는 과도한 불안과 잘못된 판단의 원인이 됩니다. 요즘 아이들이 유달리 예민하고 이상한 것이 아니라 이런 성장 환경에서 자연스레 불안의 늪에 빠지고 공감과 이해보다는 배척과 단절로 대인 관계나 사회생활에서도 어려움을 겪게 되는 것입니다.

불안의 늪에서 빠져나오는 방법

아이 못지않게 부모도 걱정과 불안이 많을 수 있습니다. 가짜 뉴스에 노출되는 것은 아이뿐만이 아니기 때문입니다. 마음속 불안의 흐름을 끊고 싶다면 불안의 원인을 정확히 알고 이를 조성하는 환경을 바꿔야 합니다. 예를 들어 가짜 뉴스 같은 무분별한 콘텐츠 시청이 문제라면 아이가 자극적인 뉴스나 비현실적이고 불필요한 두려움을 유발하는 영상을 소비하지 않게 도와줘야 합니다. 부모가 먼저 모범을 보일 수 있다면 더욱 좋습니다. 알고리즘에 이끌려 출처도 모르는 영상을 끊임없이 소비하는 시간에 아이와 함께 좋은 글 읽기를 시작해보길 권합니다. 두껍거나 어려운 책일 필요는 없습니다. 기자의 주관은 배제하고 최대한 객관적으로 작성된 신문 기사도 좋은 소재입니다. 그냥 읽기만 하는 것이 아니라 사실과 의견을 구분하며 비판적으로 읽는 연습을 하면서 아이와 서로 질문하고 생각을 나누는 시간을 갖는 것이 중요합니다.

불안이 높은 아이를 대할 때는 아이 말 뒤에 숨은 불안을 알아챌 수 있도록 부모가 아이 마음을 잘 들여다볼 수 있어야 합니다. 앞의 예에서처럼 아이가 "병원 안 가!"라고 말했다면 단순히 병원에 가기 싫은지 아니면 다른 이유가 있는지 아이에게 질문을 해보는 것이 좋습니다. 또 늘 가던 시간에 학원을 가지 않아도 아무 문제도 생기지 않는다는 것, 변화가 생겨도 괜찮다는 것을 경험하게 해줘야 합니다. 예상치 못한 일을 겪어도 그것이 내 일상을 해치지 않는다는 경험을 반복하면 아이도 조금씩 나아질 수 있습니다.

아이가 불안을 느끼는 이유는 자신이 안전하지 않다고 생각하기 때문입니다. 아이의 일상적인 환경이 안정적이고 예측 가능하다면 불안을 낮추는 데 큰 도움이 됩니다. 피치 못할 갑작스러운 사정이 생겼을 때도 아이가 바뀐 상황에서 안전하다고 느낄 수 있게 해주고 일정을 미리 공유할 수 있도록 최대한 노력하겠다는 메시지를 전달하면 좋습니다.

관계 중독? 손절 중독?

* * *

사춘기 아이에게 또래 집단이란

"선생님, 저 학급 발표회 댄스 안 할래요."

수아가 이렇게 말했을 때 저는 깜짝 놀랐습니다. 수아와 지우, 유나는 서로 화장실까지 붙어 다니는 친한 사이로 불과 일주일 전 학급 발표회 일정이 공개됐을 때만 해도 가장 기뻐한 아이들이었습니다. 셋이 함께 댄스를 준비하기로 하고 점심시간이면 스마트폰으로 음악을 틀어놓고 안무 연습도 했습니다. 그런 수아가 갑자기 발표회에 참여하지 않고 싶다는 것입니다.

"지우랑 유나도 동의한 일이니?"

"아마 둘은 계속할 거예요. 저만 빠지려요."

순간 세 아이 사이에 무슨 일이 있었다는 것을 직감했습니다. 사춘기 또래 집단만큼 강한 애착과 배신이 공존하는 곳도 없으니 말입니다. 문제는 무슨 일이 있었는지 물어봐도 아이들은 잘 대답해주지 않고 그렇다고 억지로 화해시키고 같이하게 만들 수도 없다는 것입니다. 아이들을 더 유심히 관찰하는 것 말고는 뾰족한 수가 없습니다.

그런데 아이가 꼭 또래 집단에 들어가야 할까요? 수아처럼 혼자이길 선택하면 문제가 될까요? 사춘기 아이에게 또래 집단에 든다는 것은 단순히 친구가 있다는 것을 넘어 이들의 인정을 받는다는 뜻입니다. 인정욕구는 사람이라면 누구나 갖고 있는 자연스러운 감정으로 타인에게 긍정적인 평가와 인정을 받고 싶은 것은 인간의 본능에 가깝다고 할 수 있습니다. 그런데 인정욕구가 과도해지거나 충족되지 않으면 자존감이 낮아지기도 합니다. 따라서 사춘기 아이가 또래 집단에 속하는지 속하지 못하는지 여부는 아이 자존감에 굉장히 큰 영향을 줄 수도 있습니다.

무엇보다 또래 집단에서 관계를 맺고 유지하는 것은 아이가 사회성을 배우는 출발점이 됩니다. 심리학에서는 이 과정을 타인에 대한 신뢰감이 형성되는 중요한 단계로 보기도 합니다. 아이가 자라 학교를 졸업하고 성인이 돼 사회생활을 할 때도 회사를 비롯해 자신이 속한 집단 구성원과 원만하게 어울리며 제 역할을 해나가는 기초가 되는 것입니다.

요즘 아이, 왜 관계 맺기를 어려워할까?

해가 거듭될수록 교실에는 친구 관계에서 생긴 문제로 힘들어하는 아이가 늘고 있습니다. 이런 아이는 보통 아이들보다 외로움에 훨씬 더 민감하게 반응하고 혼자 있는 시간을 견디지 못해 종종 스마트폰에 의존하는 경향을 보이기도 합니다. SNS에 빠져 지내는 아이 중에는 SNS에서 쓰이는 정제되지 않은 표현을 현실에서 그대로 사용하는 아이도 있습니다. 모든 인간관계의 기본은 언어인데 SNS로는 관계를 맺는 데 필요한 적절한 표현을 배우기 어렵습니다. 결국 오프라인에서의 실제 친구 관계는 점점 더 나빠지고 그럴수록 점점 더 온라인 커뮤니티에 의존하는 악순환에 빠지고 맙니다.

스마트폰 사용 시간이 늘면서 독서 시간이 줄어든 것은 사춘기 아이가 가짜 뉴스에 취약해지게 할 뿐 아니라 관계에 어려움을 겪는 주 요인도 되고 있습니다. 독서는 아이가 다양한 관계를 미리 간접적으로 체험해볼 수 있는 중요한 활동입니다. 책에는 부모와 자녀, 선생님과 학생, 친구 등 많은 인물이 등장하고 이들 사이에 벌어지는 여러 사건이 흥미로운 이야기로 펼쳐집니다. 등장인물 간의 갈등이 해소되고 문제가 해결되는 것을 보며 아이는 실생활에서 유사한 상황이 생겼을 때 대처하는 방법을 생각해볼 수 있습니다. 또 귀감이 될 만한 인물을 역할모델로 삼아 사회적으로 권장되는 바람직한 행동이 무엇인지 익힐 수도 있습니다. 사춘기를 맞이하기 전 충분한 독서를 통해 이렇게 관계를 조망하는 능력을 익혀야 할 아이가 학원을 전전하고 스마트폰을 붙들고 있느라 책 읽을 시간은 좀처럼 얻지 못하면 결국 관계 면역력이 약해진 상태로 학교라는 사회를 맞이하게 됩니다.

또 초등 1~2학년 학생의 학교 체육활동이 느슨해진 것도 이른 사춘기를 맞은 아이들의 관계 문제에 영향을 준 것으로 보입니다. 학교 체육 활성화는 교육계의 오래된 난제입니다. 요즘 아이들은 밖에서 여러 친구들과 어울리며 뛰놀 기회가 거의 없습니다. 교육과정으로는 다양한 교과목에 체육활동이 녹아 있지만 체육이 독립 교과일 때만큼 활발한 활동을 하는지는 담임의 의지와 역량에 따라 큰 차이가 납니다. 이런 문제를 개선하고자 1~2학년 교과과정에 체육을 독자 과목으로 운영하려는 움직임도 나타나고 있습니다. 신체활동은 아이의 체력을 길러줄 뿐 아니라 한계를 극복하는 경험을 통해 정신력을 향상해 줍니다. 신체활동을 많이 할수록 뇌유래 신경영양인자BDNF 분비가 촉진돼 기억력과 집중력이 높아진다는 과학적 연구 결과도 있습니다. 운동으로 스트레스를 건전하게 해소할 수도 있고 무엇보다 팀으로 하는 놀이나 활동을 통해 규칙을 지키며 친구와 협력하고 갈등이 생겼을 때 이를 해결하는 등 중요한 사회적 기술을 배움으로써 사회성을 기를 수 있습니다.

아이들이 특히 또래 집단에 들어가기 어려워하는 시기가 있습니다. 바로 3~4학년 사이입니다. 이 시기 아이들은 점차 자기중심적 사고에서 벗어나기 시작합니다. 그런데 그 속도가 다른 아이보다 더디면 또래 집단에서 어울리지 못하는 경우가 생깁니다. 또래 집단에 들어간다는 것은 자신의 일부분을 내주는 것과 같습니다. 물건이든, 놀이든, 시간이든, 감정이든 뭔가를 공유하고 양보해야 하는데 자기중심적 사고에 머무는 아이는 그러기가 어렵습니다. 친구 장난감은 갖고 놀면서 내 장난감은 절대 빌려주지 않거나 내가 하고 싶은 놀이만 고집하고 친구가 하고 싶은 놀이는 하지 않으면 당연히 집단에서 소외될 수밖에 없습니다. 그 밖에 관심사가 보통 아이들과는 너무 다르거나 독특한 경우 또래 집단에서 배제되기도 합니다. 지나치게 어른스럽거나 융통성이 없는 아이도 마찬가지입니다. 사용하는 어휘 수준이 달라서 또래 집단과 어울리지 못하는 경우도 있습니다. 다른 아이들이 쓰는 말을 못 알아들으니 소통이 되지 않아 겉돕니다.

이렇게 관계 맺는 것을 어려워하는 아이들을 위해 엄마끼리 뭉치는 현상도 생겨났습니다. 파티룸 같은 공간을 빌려 아이들이 함께 놀게 하는 것입니다. 물론 임시방편은 될 수 있으나 안타깝게도 아이들이 자발적으로 만든 그룹이 아니면 그 관계는 오래가지 않습니다. 실제로 파티룸에 모인 아이들을 자세히 관찰해보면 구석에 쪼그리고 앉아 각자 스마트폰으로 게임을 하거나 영상을 보는 경우가 많습니다. 어른과 마찬가지로 아이들도 코드가 맞는 무리가 따로 있습니다. 코드가 맞지 않으면 부모나 교사가 아무리 친하게 지내라고 당부해도 대부분 시큰둥한 반응을 보입니다. 반대로 아이들이 먼저 또래 집단을 만들고 이들에게 부모가 안전한 장소나 기회를 제공하는 것은 좋은 방법이 될 수 있습니다.

10대 또래 집단 더 깊게 이해하기

우리 아이가 또래 집단에 들어갔다면 그것만으로 안심해도 괜찮을까요? 10대의 또래 문화는 어른들이 생각하는 것보다 훨씬 견고할 수도 혹은 그 반대일 수도 있습니다. 사춘기 아이들은 그 어느 때보다도 예민하고 섬세하기 때문에 수십만 가지 이유로 상처를 주고받습니다. 견고해 보이던 울타리에 의외로 쉽게 균열이 생기기도 합니다.

시간이 지나면서 아이들의 취향이나 관심사가 달라진 경우 또래 집단이 흩어지는 것은 자연스러운 현상입니다. 그런데 한 집단 안에서 몇몇 아이가 단짝이 되면 문제가 생깁니다. 예를 들어 5명의 여자아이가 또래 집단을 형성합니다. 좋아하는 아이돌 안무 커버 영상도 찍고 포카 같은 굿즈도 공유합니다. 하지만 항상 5명이 같이 모여 놀기는 쉽지 않습니다. 학원도 가야 하고 가족과 여행도 가야 합니다. 혹은 특정 아이 부모끼리 가까워지는 경우도 있습니다. 그러다 보면 환경이나 취향이 좀 더 비슷한 두 친구가 밖에서 따로 만나거나 다 같이 있어도 둘이서만 좀 더 친근한 표현을 주고받으며 붙어 있는 일이 늘어납니다. 자연스레 집단의 결속력은 약해집니다.

그나마 이런 경우는 좀 낫습니다. 집단이 깨져도 2명, 3명으로 나뉘니 말입니다. 정말 어려운 상황은 앞에서 예로 든 수아의 또래 집단처럼 아이들 3명이 한 그룹이었는데 그중 2명이 서로에게 애착이 강해지는 것입니다. 나머지 한 아이는 소외감을 넘어 불안과 배신감을 느낍니다. 더 최악의 경우 절친한 두 아이 사이에 새로운 한 아이가 들어오면서 원래 친했던 두 아이가 갈라지는 것입니다. 이때는 아이들이 학교를 그만 다니고 싶다고 할 정도로 힘들어합니다.

아이가 또래 집단에 속하지 못하고 친구들과 어울리지 못하면 부모는 불안할 수 있습니다. 그렇지만 사춘기 아이에게 친구와 관계 맺기를 강요하거나 멀어진 친구와 다시 친해지라고 등을 떠밀수록 아이가 설 자리는 없어집니다. 아이가 먼저 부모에게 고민을 털어놓을 수 있도록 평소 아이와 대화를 많이 나누고 부모님은 언제든 내 편이 돼줄 것이라는 믿음을 심어주세요.

아이가 어릴 때부터 여러 환경에서 다양한 친구들과 어울릴 수 있도록 활동 반경을 넓혀주는 것도 좋습니다. 관계 고리가 여러 개면 고리 하나가 끊어져도 충격이 완화될 수 있습니다. 또 우정이라는 것이 절대 불변의 가치는 아니며 친구를 사귀고 싸우고 화해하고 멀어지고 또 새로운 친구를 사귀는 것은 물 흐르듯 자연스러운 일임을 납득할 수 있도록 가르쳐 주세요. 이를 통해 아이도 자신의 성향을 파악하고 내게 맞는 사람과 그렇지 않은 사람을 구분해나갈 수 있습니다. 이 과정에서 경험하는 슬픔이나 분노, 좌절, 기쁨, 설렘 등의 감정은 부정적이든 긍정적이든 모두 아이 스스로 충분히 느끼고 수용할 수 있도록 도와줘야 합니다. 부모가 지켜보기 괴롭다고 해서 특정 감정을 차단하거나 문제를 대신 해결해주려 하면 아이는 성장할 수 없습니다.

만약 아이가 위험해 보이는 또래 집단에 속해 있다면 어떻게 해야 할까요? 사춘기 아이의 욕망과 욕구는 정제되지 않은 것인 경우가 많습니다. 때로는 자신의 행동이 억압인지 폭력인지 모르고 행하기도 하고 다수의 논리가 법이나 규칙처럼 작용해 구성원의 자유를 구속하기도 합니다. 아이가 자기 의지와 상관없이 친구 말에 전적으로 맞춰주거나 친구와 함께하는 시간을 불안해하고 있진 않은지 이야기를 나눠보세요. 타인에게 내 감정과 의사를 분명하게 표현할 수 있도록 평소에 훈련하는 것이 좋습니다. 또 친구라는 이유로 하기 싫은 일을 억지로 할 필요 없다는 것을 아이에게 확실히 알려주세요. 진정한 친구라면 친구가 싫어하는 일이나 나쁜 일을 시키지 않는다고 가르쳐줘야 합니다. 그리고 이렇게 말해주세요.

"친구와 가까워지는 것도 멀어지는 것도 용기가 필요한 일이야. 네겐 아무 잘못이 없단다. 더 멋진 관계를 맺을 수 있을 거야. 친구 문제로 힘들 때는 언제든지 우리에게 말하렴."

사춘기 '조기' 성교육

• • •

조퇴하는 남자아이들

"선생님, 선우 엄마입니다. 오늘 일이 생겨서 3교시 후에 선우 조퇴를 신청합니다."

어느 날 아침, 1교시 수업 시작 전 선우 어머니에게 문자를 받았습니다. 그리고 잠시 후 또 다른 문자가 왔습니다.

"선생님, 안녕하세요. 우주 오늘 3교시 후에 조퇴시켜 주세요."

여기서 끝이 아니었습니다. 1교시 수업이 끝난 후에도 다른 두 남학생 부모에게서 비슷한 내용의 문자가 왔습니다. 개인 사정으로 조퇴를 신청하는 것은 일상적인 일이지만 똑같은 시간에 4명이 조퇴하는 것은 드문 일입니다. 걱정이 된 저는 4명의 아이를 불러 물었습니다.

"너희 오늘 엄마들이랑 현장체험 같은 거 하러 가니?"

선우가 잠시 머뭇거리더니 조용한 목소리로 말했습니다.

"선생님, 다른 애들한테는 말하지 말아주세요. 오늘 저희… 다 같이 성교육 받아요. 저희 집으로 어떤 전문가 선생님이 오신대요."

최근 몇 년 사이 이렇게 친한 남자아이 4~5명 정도가 그룹을 지어 사적으로 성교육을 받는 일이 종종 생기고 있습니다. 성교육이 그만큼 중요한 교육이라는 사실에 공감하면서도 한편으로는 성교육도 학부모가 전문 사교육에 의존할 수밖에 없는 현실이 현직 교사로서 착잡하기도 합니다.

보통 초등학교 교육과정에서는 학년별로 담임 수업 중 15차시 정도를 성교육으로 구성합니다. 보건교사가 진행하는 보건 수업의 성교육은 주로 고학년 대상으로 17차시 정도 구성됩니다. 개인적인 의견이지만 실제로 15차시, 17차시 성교육이 온전히 이뤄지는 학교는 많지 않을 것입니다. 다른 교과 시간에 통합해 간단히 언급하고 지나가는 것이 오히려 일반적입니다. 학교 보건 선생님이 성교육에 의지를 보이고 수업을 추진하거나 외부 강사를 초빙하지 않는 한 성교육은 매우 부실하게 진행되고 있는 현실입니다.

하지만 학교에서 본격적인 성교육을 진행하는 데 여러 난관이 있는 것도 사실입니다. 몇 년 전 한 고등학교에서 학부모 항의로 피임법에 관한 성교육이 무산됐다는 뉴스가 보도된 적이 있습니다. 여성가족부에서 직접적인 성관계 표현으로 논란이 된 성교육 도서를 회수한 사건도 최근 일입니다. 성교육 연령이나 내용에 관해 아직 사회적 논의가 더 필요함을 보여주는 부분입니다.

빠른 사춘기와 이성 문제

최근 들어 학교 폭력 유형 중 성추행 관련 사안이 증가하는 추세입니다. 이성 교제를 시작한 사춘기 아이들이 성적 호기심으로 친근함의 표시를 넘어 과도한 신체 접촉을 시도하기 때문입니다. 과장이 아닙니다. 실제로 빈 교실이나 1박 이상의 현장 체험 학습에서 남녀 학생이 손을 잡거나 껴안고 심지어는 키스를 하는 일도 벌어지고 있습니다.

적정 시기에 건강한 사춘기를 겪는 아이라면 이성 교제를 크게 걱정하지 않아도 됩니다. 문제는 신체와 정신의 성장 속도 격차가 큰, 빠른 사춘기 아이입니다. 내가 정말 원하는 것이 무엇인지 정확히 인지하지 못한 채 신체 접촉에 노출되는 순간 좋아하는 마음은 '성추행'이라는 이름으로, 학교 폭력 상황으로 변질됩니다. 국민권익위원회가 2017년 2월 국민신문고에 3년간 접수된 학교 성폭력 관련 민원을 분석한 결과 초등학교에서 벌어진 성폭력 관련 민원은 전체 28.4%로 중학교, 고등학교, 대학교보다 더 큰 비율을 차지했습니다. 민원 건수가 학교급 중 가장 많은데도 거의 알려지지 않고 있는 것입니다.

실제로 빠른 사춘기가 시작된 아이들이 놀이터 같은 으슥한 공간에 친구를 데려가 강제로 자신의 성기를 보여주거나 자기보다 어린아이에게 장난이라며 성추행을 시도하는 일도 늘고 있습니다. 한국일보는 2024년 4월 초등학교 5학년 남학생이 총 3명의 여학생(8세, 10세)을 상대로 성추행을 시도했다는 기사를 보도

했습니다. 성관계 놀이를 하면 돈을 주겠다고 여학생들을 회유했다는 내용이었습니다. 그러나 상황이 자기 뜻대로 되지 않자 남학생은 이내 학원 차량에서 내린 다른 8세 여아를 놀이터로 유인했습니다. 그러고는 자신의 성기를 노출하며 상대 아이의 성기도 보자고 말했다고 합니다.

믿기 어렵지만 드문 일이 아닙니다. 초등 저학년 아이들이 성범죄 피해자가 되는 일도 빈번하게 일어납니다. 특히 SNS에서의 성범죄가 급속도로 퍼지고 있습니다. 불과 며칠 전만 해도 텔레그램을 기반으로 한 딥페이크(인공지능 기반의 인간 이미지 합성 기술) 음란물 제작 및 유포 사건이 크게 불거졌습니다. 제보된 437개 학교 중 전국 초·중·고교를 대상으로 점검한 결과 최소 40곳의 학교에서 실제 피해가 있는 것으로 밝혀졌습니다. 이처럼 잦아지는 성에 관한 사건 사고 발생 빈도는 급속도로 빨라진 사춘기 아이들의 심각한 문제입니다.

· · ·

1학년부터 시작하는 사춘기 성교육

사춘기가 빨라진 만큼 성교육 시기도 앞당겨야 합니다. 가정에서의 성교육은 미루지 말고 일단 시작하세요. 언제 찾아올지 모를 사춘기를 대비해 초등 입학 전부터 시작하길 권하고 싶지만 아이의 발달 과정을 잘 살펴보며 아이 눈높이에 맞게 진행하면 됩니다. 성교육은 단계적으로 시행하되 구체적으로 해야 합니다. 눈, 코, 입 같은 다른 신체 부위 이름과 마찬가지로 생식기 이름도 분명하게 가르치는 등 모호한 표현으로 아이가 잘못된 성 지식을 갖지 않도록 주의해야 합니다.

성교육에서 가장 중요한 것은 양육자의 태도입니다. 아이의 성 가치관은 양육자에 따라 달라지므로 부모 자신의 가치관을 잘 정립해야 합니다. 또 평소 아이와 애착 형성을 잘해둬야 아이가 성에 관해서도 자유롭게 자신의 생각을 말할 수 있습니다. 아이가 성적 호기심이나 성에 관한 의견을 피력할 때 부모가 부끄러워하거나 꺼려하는 모습을 보이는 것은 좋지 않습니다. 이는 아이가 부모 앞에서 성적인 이야기를 피하는 요인이 될 수 있습니다. 특히 빠른 사춘기를 경험하는 아이는 신체 변화에 당황해 자신을 부정하기도 합니다. 이때 부모가 아이 이야기를 잘 들어주면 아이는 어른이 되는 과정을 인정받고 있다고 느끼고 이는 아이 자존감에도 긍정적인 영향을 줍니다.

초등 저학년 아이를 대상으로 하는 성교육의 핵심은 경계 존중입니다. 경계에 대한 개념이 잡히지 않으면 장난이라며 생식기를 만지는 것과 같은 또래 성폭력이 일어날 수 있습니다. 성교육을 통해 몸과 마음에도 경계가 있다는 것과 그 경계를 존중하는 방법, 누군가 경계를 침범하려 할 때 거절하는 방법, 반대로 거절당했을 때 수용하는 방법 등을 알려줘야 합니다. 아이 스스로 자신의 몸에 경계를 설정하게 하고 부모가 먼저 그 경계를 존중해 주세요. 마찬가지로 아이가 타인의 경계를 침범하지 않도록 훈련해야 합니다. 장난과 폭력이 어떻게 다른지, 경계를 침범하면 폭력이 될 수 있다는 점을 각인시켜야 합니다. 특히 아이들의 스마트 기기 사용 연령이 점점 낮아지면서 디지털 성범죄가 늘어나고 있는 만큼 이에 대한 예방 교육도 반드시 이뤄져야 합니다.

저학년 성교육 방법으로는 스토리텔링이 가장 효과적입니다. 성교육 이야기를 담은 동화책 등을 자연스럽게 보여주는 것부터 시작해 보세요. 아이가 관심을 보이기 시작하면 점차적으로 설명을 덧붙여 줍니다. 부모 사이에서도 성교육은 특히 부담스럽다는 인식이 강한데 교재를 활용하면 생각보다 어렵지 않게 느낄 수 있습니다.

중학년이 되면 한 반에서도 아이마다 성장 편차가 큰 편입니다. 학교에서 단체로 성교육을 실시할 때 오히려 아이들의 모방이나 놀림으로 이어져 교육을 안 하느니만 못한 상황이 벌어지기도 합니다. 단체 성교육에 특히 세심하고 전문가적 역량이 뛰어난 분이 필요한 이유입니다. 앞서 살펴본 선우 사례처럼 최근에는 부모 스스로 자녀와 발달 수준이 비슷한 아이를 모아 사적으로 성교육을 진행하기도 하는데 아이 수준에 맞는 교육 단계를 전문가에게 직접 의뢰할 수 있다는 점에서 긍정적인 효과를 보이고 있습니다.

고학년은 청소년기로 접어들면서 심리적으로 외모나 이성 친구에 대한 관심이 증가하고 성적 호기심도 커지는 시기입니다. 2차 성징이 나타나 신체적으로도 큰 변화를 맞게 됩니다. 따라서 음란물의 유해성이나 디지털 성범죄 예방 및 대처 교육은 물론 올바른 피임법을 반드시 교육해야 합니다. 5학년 때 해야 한다, 6학년 때 해야 한다 이렇게 기준을 정할 수는 없습니다. 요즘 사춘기는 예년보다 빨라진 만큼 신체 변화가 시작되는 시기도 아이마다 다릅니다. 아무리 늦어도 우리 아이가 생리를 시작하면, 우리 아이가 몽정을 시작하면, 다시 말해 신체적으로 임신이 가능해지는 시기가 오면 반드시 피임법을 알려주길 바랍니다.

질병관리청에서 실시한 '청소년건강행태조사' 결과에 따르면 전국 약 800여 개 학교 약 5만 5,000명 학생 중 성관계를 경험한 적이 있다고 답한 청소년의 평균 성관계 시작 연령이 14.1세입니다(2021년 기준). 중학교 2학년 정도라는 것입니다. 성관계를 경험했다고 답한 10대 청소년 비율도 5.9%에 달합니다(2019년 통계). 100명 중 6명 정도 10대 아이가 성경험을 하고 있다는 것입니다. 우리 아이는 아닐 거라는 막연한 믿음은 위험합니다. 아이가 임신과 성병에서 스스로 몸과 마음을 지킬 수 있도록 올바른 피임 방법을 알려주길 바랍니다.

저학년부터 성교육을 해왔다면 괜찮겠지만 아이가 어릴 때는 성교육을 거의 하지 않다가 고학년을 맞은 부모님은 성교육을 더욱 어려워합니다. 고학년 아이라도 첫 성교육을 시작할 때는 저학년 학생처럼 성교육 관련 도서를 활용하길 권합니다. 단, 저학년에게 하듯 부모가 먼저 설명해주려 애쓰기보다 함께 책을 읽으며 자녀 질문에 답변해주는 식으로 하면 훨씬 자연스럽습니다. 사춘기가 많이 진행돼 부모에게 거리를 두는 아이라면 적절한 교재를 제공해주고 혼자 읽는 시간을 주면 됩니다. 책을 읽은 후 자녀가 질문을 하면 꼭 성실하고 진솔하게 대답해주길 바랍니다. 다시 한 번 강조하지만 가장 좋은 성교육 방법은 아이에게 사춘기가 오기 전, 바로 오늘 시작하는 것입니다.

교묘해지는 학교 폭력

그냥 장난친 건데 왜요?

"선생님, 혜린이랑 애들이 자꾸 카톡에서 이상한 소문을 퍼뜨려요."

초여름 햇살이 눈부시던 어느 날, 수업이 끝나고 찾아온 재이가 상기된 얼굴로 말했습니다.

"이상한 소문? 무슨 소문?"
"제가 ○○학원을 다니는데요, 학원에 수호라는 애가 있는데… 제가 수호랑 사귄대요."

"학원에 같은 수업을 듣는 수호라는 친구가 있는데, 혜린이랑 다른 애들이 카톡에서 네가 수호랑 사귄다고 말한다는 거니?"
"네, 저는 수호랑 사귀는 거 아니거든요. 학원에서 말도 잘 안 해요."
"언제부터 그런 소문을 퍼트렸는데?"
"3월부터요."
"3월? 그럼 벌써 3개월이나 지났잖아. 그때부터 지금까지 계속 그런다는 말이니?"

저는 깜짝 놀라 되물었습니다. 오랫동안 맘고생이 심했는지 울컥한 재이의 목소리가 떨리고 있었습니다.

"네, 제가 아니라고 분명히 말했는데도 단톡만 하면 그런 얘기를 해요. 그만하게 해주세요."
"그 카톡 내용 선생님한테 보여줄 수 있니? 선생님이 확인하고 나면 혜린이랑 관련된 다른 친구들도 불러서 분명하게 주의를 줄 거야. 재이한테 사과도 하게 할 거고. 그러려면 일단 사실 확인을 해야 해."
"네! 다 캡처해 놨어요. 여기요."

초등 고학년은 물론이고 저학년까지도 스마트폰을 갖게 되면서 학교 폭력 유형 중 사이버 괴롭힘의 비중도 높아지고 있습니다. 상황을 인식하고 판단하는 능력이 미처 발달하지 못한 상태로 빠른 사춘기를 맞이한 아이들은 누군가에 대한 잘못된 정보를 퍼뜨리는 것을 폭력의 일종이라 여기지 않습니다. 때린 것도 아니고 심한 거짓말이나 욕을 한 것도 아니니 그저 가벼운 장난이라고 생각합니다. 단톡방에 한 아이만 남겨두고 모두 나가버리거나 '굴욕 사진'을 올리며 놀리기도 합니다. 모두 '장난'이었다면서 말입니다. 하지만 재이 같은 피해 당사자 아이는 잠을 못 이룰 정도로 오랜 시간 고민하고 힘들어합니다.

· · ·

사춘기만큼 빨라진 학교 폭력

매년 각 지역 교육청에서는 '학교폭력 실태조사'를 실시하고 있습니다. 2023년 사춘기가 시작되는 초등학교 4학년부터 고등학교 3학년 학생(약 317만 명)을 대상으로 조사한 결과 학교 폭력 피해를 입었다고 응답한 학생은 1.9% 정도였습니다. 놀라운 사실은 학교급별로 따져볼 때 초등학교가 3.9%로 가장 많다는 것입니다. 초등학생 100명 중 4명이 학교 폭력으로 힘겨운 상황이라고 생각하면 결코 가벼운 숫자가 아닙니다. 혹시 2차 가해가 이뤄질까 두려워 실태 조사에 거짓으로 응답한 경우까지 더하면 학교 폭력 피해 학생은 더 많다고 봐야 합니다.

실태 조사 결과를 유형별로 자세히 살펴보면 언어폭력(37.1%)이 가장 많았고 다음으로 신체 폭력(17.3%), 집단따돌림(15.1%)이 뒤를 잇습니다. 학교 폭력을 당한 것은 아니지만 목격했다는 응답률은 4.6%로 초·중·고 모두 2022년 조사보다 증가한 양상을 보였습니다. 오랜 기간 아이들과 함께 생활해온 교사로서 말하자면 아이들의 폭력은 유형별로 정확히 구분되지 않고 언어폭력, 신체폭력, 따돌림이 복합적으로 나타납니다.

　사실 경미한 수준의 학교 폭력은 사춘기 이전에도 발생합니다. 사춘기 직전 저학년 학생은 감정 조절 능력이 미숙해 의도치 않게 폭력을 행사하기도 합니다. 그런데 이 아이들이 빠른 사춘기를 만나면서 그 양상이 심화되고 있습니다. 쉽게 욱하고 밀치고 때리고 욕설을 내뱉습니다. 또 앞서 말한 대로 요즘은 교사나 부모 모르게 사이버불링(문자메시지나 모바일 메신저, SNS 등 온라인 공간에서 특정인을 집단적으로 따돌리거나 괴롭히는 행위) 등의 간접적 폭력을 행사하는 경우가 많아 피해가 쉽게 드러나지 않고 나이가 어릴수록 학교 폭력 행위로 볼지 단순한 실수로 볼지 판단하기 어려워 의도성이 묻히는 경우도 생깁니다. 이 시기에 아이들을 계도하지 못하면 이후 집단 폭력으로 이어질 수도 있습니다. 작은 다툼이라도 아이들끼리의 장난으로 치부하지 말고 세심히 살펴야 하는 이유입니다.

피해 학생 부모라면

보호자는 아이가 학교 폭력에 노출된 상황을 알게 됐다면 일단 피해 상황을 육하원칙에 입각해 학교에 알려야 합니다. 특히 담임교사에게 바로 알리는 것이 좋습니다. 초등학교는 담임교사가 교실에 상주하기 때문에 관련 사안을 알고 있어야 후속 조치 및 또 다른 피해 예방에 큰 도움이 됩니다.

내 아이가 학교 폭력을 당했을 때 부모의 분노와 슬픔은 말로 다 표현할 수 없습니다. 그래서 감정이 앞서다 보니 잘못 대응하는 경우도 생깁니다. 예를 들면 아이 학교에 찾아가 직접 가해 학생을 혼내는 것입니다. 피해 부모 입장에서는 어른으로서 가해 학생을 훈육할 수 있다고 생각합니다. 그런데 우리 아이에게 폭력을 행사한 학생에게 다시는 그러지 말라고 주의를 주는 상황이 자칫 협박으로 인정되면 민·형사상 불이익을 당할 수도 있습니다. 피해 학생 학부모가 가해 학생의 폭력 가해자가 되는 것입니다. 학부모는 성인이라 아이와는 달리 법적 처벌 대상이 되므로 각별히 유의해야 합니다.

최선의 해결 방법은 가급적 담임의 교육지도와 훈육으로 피해 학생이 가해 학생에게 사과를 받고 폭력이 재발되지 않는 것입니다. 교육상 이것이 아이들의 상처를 최소화하는 방법입니다. 그런데 감정 조절이 미숙한 연령대 아이들의 경우 담임교사의 지도와 훈육만으로는 부족할 때가 있습니다. 피해 학생의 안전이 보장되지 못하는 상황이 지속되면 학폭위를 통한 중재나 조정이 필요합니다.

학폭위는 학교 폭력 사안이 공식적으로 신고되면 이를 심의하는 위원회입니다. 심의위원은 교사, 학부모, 외부 전문가로 구성되며 과거에는 '학교폭력대책자치위원회'라는 이름으로 학교급에서 주관했으나 지금은 전문성과 일관성 등을 위해 교육지원청으로 이관돼 운영되고 있습니다.

그런데 학폭위가 열렸을 때 사건을 빨리 종결하기 위해 가해 학생 처벌에만 급급한 경우가 있습니다. 학교 폭력 사안에서 가장 먼저 고려해야 할 대상은 누구보다 피해 학생입니다. 피해 학생을 보호하고 다시는 그런 피해를 입지 않도록 안전한 환경을 만들어주는 데 모든 어른이 신경 써야 합니다. 가해 학생의 처벌 수위는 그다음 순서입니다.

가해 학생 부모라면

　가해 학생 부모도 내 아이가 가해자라는 꼬리표를 달고 학폭위에 이름이 오르내리는 상황에서는 피해 학생 부모 못지않게 충격일 것입니다. 부모 말 잘 듣고 착한 줄로만 알았던 아이가 학교 폭력을 저질렀다는 것이 믿기지 않기도 합니다. 그래서 '우리 아이가 그랬다면 그럴 수밖에 없는 이유가 있었을 거야' 하면서 상황을 합리화하거나 '우리 아이는 그럴 애가 아니야' 하며 현실을 부정하기도 합니다. 하지만 폭력 강도와 상관없이 아이가 지속적으로 누군가를 괴롭혀 왔다면 결코 자녀를 두둔해서는 안 됩니다. 부모로서 단호하게 아이를 훈육해야 할 의무가 있고 그렇게 해야 나중에 아이가 더 큰 폭력을 저지르는 것을 막을 수 있습니다.

　실제로 다소 수위 높은 중·고등학생의 학교 폭력이 발생했을 때 원인을 추적해보면 상당수가 초등 사춘기 때 처음으로 폭력에 노출됐다는 사실이 확인된다고 합니다. 학교 폭력 피해자에게 제대로 된 후속 조처를 해주지 않고 가해자에게도 합당한 지도나 처벌이 주어지지 않으면 결국 더 큰 사건이 됩니다. 불씨는 작을 때 끄는 것이 가장 좋듯이 학교 폭력도 처음에 잘 해결해야 피해가 훨씬 덜합니다.

피해 학생 부모와의 소통도 미루지 말고 이들에게 진심으로 사과하고 재발 방지를 약속하는 것이 좋습니다. 많은 경우 가해 학생과 부모의 사과만으로 해결될 수 있는 사안인데도 그 시기를 놓쳐 아이라는 본질은 사라진 채 부모 간 법정 다툼으로 이어지는 안타까운 상황이 생깁니다.

다시 한 번 강조하지만 학교 폭력은 아무리 작은 사안이라도 결코 그냥 넘어가지 않겠다는 어른들의 강한 의지가 보일 때 아이들이 안정감을 갖고 학교생활을 할 수 있습니다. 가뜩이나 빠른 사춘기 때문에 두렵고 불안한 아이들이 가해자와 피해자로 낙인찍힌 채 성장하지 않길 바랍니다.

・ ・ ・

요즘 사춘기 자녀의 부모라면

학교 폭력이 발생하면 대부분은 눈으로 보이는 심각성에만 주목합니다. 물리적으로 맞아서 생긴 상처가 얼마나 심한지, 피가 나고 멍이 들진 않았는지 육안으로 확인할 수 있는 피해의 경중을 따집니다. 물론 이런 부분도 중요하지만 더욱 유심히 살펴야 하는 것은 바로 '폭력의 지속성'입니다.

앞서 소개한 학교폭력 실태조사 결과에서 봤듯이 신체 폭력보다 언어폭력이 2배 이상 많이 발생합니다. 준비되지 않은 채로 사춘기를 맞은 요즘 아이들은 유난히 예민하거나 민감하고 난폭하거나 까다로운 경향을 보입니다. 원래 아이들은 싸우면서 크는 거라고 배우며 자라온 우리 어른의 눈에 경미해 보일지라도 폭력 상황이 지속적으로 반복된다면 절대 간과해서는 안 됩니다. 아이가 학교 친구에게 놀림을 받았다거나 욕을 들었다고 말한다면 가볍게 넘기지 말고 아이 목소리에 귀 기울여 주세요.

물론 아직 미성숙한 아이들이기에 모든 다툼 상황이 학교 폭력에 해당하진 않습니다. 또 아이들 사이에 벌어지는 모든 폭력을 막기란 불가능합니다. 그럼에도 학교 폭력을 예방하려면 피해 상황이 있을 때 주변에 알려야 합니다. 내 아이가 피해 당사자가 아닌 목격자에 불과하다 해도 빨리 그 사실을 알려야 더 큰 피해를 막고 같은 상황이 반복되지 않을 수 있습니다. 가해자, 피해자는 처음부터 정해져 있는 것이 아닙니다. 누구나 가해자도 피해자도 될 수 있습니다. 이런 상황에서 아이들이 학교 안에서든 밖에서든 늘 안전하며 폭력 상황이 생겼을 때 즉시 보호받을 수 있다는 것을 경험으로 배워야 합니다. 피해를 입었는데도 해결이 되지 않고 계속 같은 폭력에 노출된다면 피해자도 목격자도 모두 무기력해지고 말해봤자 아무것도 달라지지 않는다는 패배주의에 빠집니다. 반복되는 학교 폭력의 고리를 끊으려면 폭력이 음지에서 행해지지 않고 바로바로 노출될 수 있는 환경이 조성돼야 합니다.

☆ 선호쌤의 사이다 한 잔 ☆

사춘기 아이, 이런 문제에 노출돼 있습니다

- 이른 사춘기에 좌절감을 겪으면 자기방어나 과잉행동, 우울감 등을 보입니다.
- 무분별한 가짜 뉴스 등을 접하며 불안의 늪에 빠지기 쉽습니다.
- 친구 관계를 맺을 기회가 부족하고 갈등이 생겼을 때 해결하는 능력이 미숙합니다.
- 신체와 정신의 성장 속도 격차가 큰 상태에서 신체 접촉에 노출되면 성추행이나 학교 폭력으로 이어질 수 있습니다.
- 초등학생 100명 중 4명이 학교 폭력을 경험하며 사이버불링 등 부모와 교사가 모르는 간접적 폭력도 증가하고 있습니다.

아이에게 필요한 도움은 이렇습니다

- 좌절감 블랙홀에 빠졌다면 아이가 겪고 있는 상황을 표현할 언어를 찾아주세요. 감정을 표현하고 이를 직시할 수 있게 도와줘야 합니다.
- 불안을 조성하는 환경을 바꿔주세요. 스마트폰을 보는 시간에 가족 모두 함께 책을 읽는 것도 좋은 방법입니다.
- 관계의 고리가 여러 개가 될 수 있도록 활동 반경을 넓혀주고 친구를 사귀고 싸우고 멀어지는 과정이 모두 자연스러운 일임을 알게 해주세요.

- 저학년부터 아이 발달 수준에 따라 성교육을 시작하세요. 특히 2차 성징이 시작된 고학년이라면 올바른 피임 교육을 병행해야 합니다.
- 아이가 학교 폭력을 당했다면 바로 학교에 알리고 직접 가해 학생을 훈계하지 마세요. 가해 학생 부모라면 자녀를 두둔하지 말고 단호하게 훈육하고 피해 학생에게 사과해야 합니다. 내 아이가 목격자라 할지라도 방관하지 말고 빨리 사실을 알릴 수 있도록 지도해 주세요.

· 2장 ·

현명한 부모의 사춘기 대비하기

사춘기 자녀와의
라포 형성

• • •

아이와 연결된 마음의 다리

"선생님, 작년까지는 안 그랬는데 요즘 우리 나은이가 저를 믿지 못하는 것 같아요. 무슨 말만 하면 어차피 안 해줄 거면서 왜 그러냐고 하는데 그 말을 들을 때마다 화가 나네요."

학부모 상담 중 나은이 어머니는 아이가 자신을 믿지 않는 것이 서운하다고 하셨습니다.

"더 자세히 말씀해 주시겠어요? 예를 들면 뭘 해준다고 하셨는지요."

"에어팟을 사달라고 해서 용돈을 10만 원 모으면 보태주겠다고 했죠. 그랬더니 갑자기 어차피 안 해줄 거라고 화만 내고 도무지 믿질 않더라고요. 그동안 제가 더 해주면 해줬지 안 해준 건 없거든요."

제가 학교에서 본 나은이는 원하는 것을 먼저 말하는 성격이 아니었습니다. 아마 나은이는 엄마가 진짜로 안 해줄 거라고 생각했다기보다 어렵게 에어팟을 갖고 싶다는 말을 꺼냈는데 엄마가 그 마음에 공감해주지 않은 것이 서운해 화를 낸 듯했습니다. 이렇게 설명하자 어머니는 반문하셨습니다.

"안 사준다고 한 게 아니라 10만 원을 모으면 사준다고 했는데 그 정도면 공감해준 거 아닌가요?"
"그동안 다른 친구들이 에어팟을 갖고 있는 걸 보고 나은이도 얼마나 갖고 싶었을지 먼저 얘기해 주셨으면 좋았을 거예요. 그러고 나서 선택지를 알려주는 거죠."
"선택지를 알려준다는 게 무슨 뜻인가요?"
"나은이 마음을 알았으니 에어팟을 사는 데 도움을 줄 거지만 엄마 입장에서는 에어팟 가격이 초등학생에게 바로 사주기에는 가격이 너무 비싼 것 같으니 나은이도 그걸 갖기 위해 어떤 노력을 할 수 있는지 묻는 거예요. 어머님이 일방적으로 10만 원을 모으라고 제시하면 나은이 입장에서는 도저히 모을 수 없는 돈 같고 그럼 엄마가 에어팟을 안 사주려고 일부러 그런다고 생각할 수 있거든요."

"그럼 에어팟을 갖기 위해 어떤 노력을 할지 물어보면 되는 건가요?"

"조금 구체적으로 물어보시면 좋아요. 아마 아이가 방금 어머님이 물어보신 것처럼 똑같이 물어볼 거예요. 그럼 그때 말해주는 거죠. 아이 입장에서 실행 가능한 것으로요. 앞으로 일주일 동안 설거지를 한다든지 일단 먼저 사줄 테니 이번 달과 다음 달 용돈을 적게 받는다든지 여러 선택지를 제시하는 겁니다. 그럼 아이가 자기가 할 수 있는 방법을 알려줄 거예요. 그렇게 선택의 기회를 주면서 조율하는 겁니다. 이렇게 나은이가 공감받는 데만 머무르지 않고 뭔가 스스로 선택하고 조율하는 과정에서 이제 건강한 분리나 독립이 시작되는 거고요."

사춘기가 시작되면 아이는 부모가, 부모는 아이가 예전과는 다르게 자기 마음을 몰라준다고 속상해합니다. 사실은 모르는 게 아니라 엇갈려서 그렇습니다. 부모 입장에서 자녀에 대한 사랑은 그 표현만으로도 깊은 의미가 있을 것입니다. 하지만 심리적 측면에서 보면 부모는 '사랑'이라 말하는 것이 자칫 잘못된 '애착'이 되는 경우가 많습니다. 부모와 자녀가 안정 애착을 형성하는 시기는 아이 나이 4세 정도까지입니다. 이후 아이의 성장 과정은 단계적으로 부모와의 분리를 배우고 받아들이는 것입니다. 어릴 때 부모 뒤만 졸졸 따라다니던 아이는 사춘기 이후 부모보다 친구들과 더 친밀해지고 집에 있는 시간보다 집 밖에 나가 있는 시간이 더 많아집니다. 그렇게 자신만의 영역을 넓혀가며 부모에게서 독립할 준비를 합니다. 이 시기 아이는 부모 입장에서는 사랑과 관심에서 비롯된 말과 행동이라도 그것이 자신을 속박하는 것처럼 느껴져 답답하거나 짜증 날 수 있습니다.

우리가 친밀한 사람과 좋은 관계를 맺으려면 라포rapport를 형성하는 것이 매우 중요합니다. 라포란 프랑스어로 '마음과 마음의 다리를 잇다'는 뜻으로 사람의 마음과 마음이 보이지 않는 다리로 연결됐을 때 라포가 형성됐다고 말합니다. 즉, 라포가 형성됐다는 것은 정서적 교감이 이뤄지고 있다는 뜻입니다. 상호신뢰를 바탕으로 감정을 원활하게 주고받을 수 있으며 어떤 일이든 터놓고 말할 수 있는 상태가 되는 것입니다. 그래서 일반적으로 심리상담을 할 때는 상담자와 내담자 사이에 라포를 형성하기 위한 과정을 거칩니다. 라포가 형성되면 상담의 깊이와 폭이 증폭돼 상담에 몰입하는 정도가 탁월해지기 때문입니다. 이는 교실에서 교사와 학생 사이, 가정에서 부모와 자녀 사이에도 없어서는 안 될 중요한 부분입니다. 특히 부모와 자녀 사이에 단단한 라포가 형성돼 있으면 사춘기 자녀가 고학년이 돼 심리적으로 독립해 나가는 동안에도 단단한 유대감을 가질 수 있습니다.

라포 형성의 시작

저는 오랜 기간 고학년 담임을 맡아왔습니다. 아이들과 상담하며 느끼는 점은 해를 거듭할수록 부모와 라포 형성이 제대로 되지 않은 아이가 늘고 있다는 것입니다. 그런 아이의 부모와 상담을 해보면 주로 부모가 관리 감독자 역할을 하고 있는 경우가 많습니다. 예를 들어 "숙제는 했니?" "이제 공부해야지" "수행평가 있다는데 뭘 준비해야 하는지 알아?" "그런 건 미리미리 챙겼어야지" 같은 말이 전형적인 관리 감독자의 표현입니다. 특히 아이가 초등학교에 입학하고 나면 부모는 조급해지기 시작합니다. 행여나 아이가 학교생활이나 학습 면에서 뒤처지기라도 할까 걱정이 앞섭니다. 그러다 보니 아이와의 모든 대화에서 관리 감독자의 말부터 튀어나오는 것입니다. 물론 아직 자기 일을 스스로 해나가는 힘이 부족한 사춘기 아이에게는 자신이 해야 할 책임을 다 했는지 부모가 확인하는 과정이 꼭 필요합니다. 하지만 그 정도가 적절해야 합니다.

오늘부터는 관리 감독이 필요한 시간과 장소를 정해보길 바랍니다. 예를 들어 '저녁 9시가 되면 거실에 모여 아이가 그날 해야 할 일을 다 했는지 확인한다'는 식으로 규칙을 정하는 것입니다.

정해진 시간에 아이에게 할 일을 다 했는지 물어보세요. 못했다고 답한다면 그 이유를 물어보고 합당한 이유가 있다면 인정해주고 아이가 잘못 생각하거나 놓친 부분이 있다면 알려줍니다. 그리고 다음 날 저녁 9시가 되기 전까지는 단단한 라포를 만드는 엄마 아빠 역할로 돌아가는 것입니다.

예를 들면 "아빠가 너랑 농구 하고 싶은데 언제 시간이 되니?" "엄마가 너랑 배드민턴 치고 싶은데 언제 괜찮니?"라고 물어보세요. "요즘 이 영화가 재밌다던데 토요일에 학원 끝나고 다 같이 보러 가는 건 어때?"라고 제안해 보세요. 영화관에 가서 팝콘 같은 간식거리도 사 먹으며 그 시간을 온전히 함께 누리는 것입니다. 부모와 아이가 같은 시공간에서 서로에게 몰입하는 가운데 눈에는 보이지 않는 마음의 다리가 놓입니다. 그리고 아이는 '부모님과 같이 뭔가를 하고 있으면 안전하구나/편안하구나' '부모님과 같이 있으면 일상의 근심에서 잠시 떠날 수 있구나' '각자의 시간들로 떨어져 있지만 언제든 모여서 의지할 수 있는 누군가가 있구나' 하는 안정감을 느낍니다. 이것이 라포 형성의 시작입니다.

아이가 이미 사춘기 한복판에 있거나 준비 없이 빠른 사춘기를 맞았을 때는 대화만으로 라포를 형성하기가 어렵습니다. 또 아이 마음을 읽어주지 못하는 대화는 오히려 라포 형성에 방해

될 때가 더 많기도 합니다. 부모는 아이에게 한마디라도 더 건네면서 좋은 관계를 만들려고 하지만 말에는 말하는 사람의 의도와 목적이 담기기 마련입니다. 이전에는 따뜻한 말 한마디 해준 적 없고 내 일상을 궁금해한 적도 없는 부모가 갑자기 말투만 다정하게 이것저것 물어오면 예민하고 섬세한 사춘기 아이는 그 의도와 목적을 바로 알아챕니다. 그러면 오히려 불쑥 짜증을 내거나 소극적으로 대답하며 저항합니다. 이런 경험이 반복되면 부모님과의 대화는 답답하기만 하고 부모님과 나는 안 맞는다는 생각만 더 강해집니다. 그나마 연결돼 있던 약한 다리마저도 끊어지고 마는 것입니다.

섣불리 아이와의 대화를 시도하기 전에 아이를 세심히 관찰하며 알아가세요. 아이가 좋아하는 것은 무엇인지 지켜보고 같이해보기도 하며 친밀감을 쌓아나가는 것입니다. 아이에게 묻기보다 아이 말을 들어주면서 아이 말에 숨은 감정을 읽어주는 것이 라포를 형성하는 첫걸음입니다.

아이 스스로 선택할 기회

학교에서 아이들이 어떤 잘못을 했을 때 반응하는 모습을 보면 라포가 형성돼 있는지 아닌지에 따라 큰 차이를 보입니다. 아이는 누구나 실수하며 자랍니다. 그런데 라포가 잘 형성된 아이는 자기 잘못을 인정할 줄 알지만 그렇지 않은 아이는 친구 탓을 하거나 자기감정을 조절하지 못하고 분해합니다. 부모나 교사와의 사이에 라포가 잘 형성돼 있으면 단호한 훈육도 건강하게 받아들입니다. 혼이 났을 때 기분이 좋은 사람이 있을까요? 하지만 마음속에 서로에 대한 신뢰감이 자리 잡고 있기 때문에 자신의 불편한 감정과 훈육의 목적을 구분하는 조절력을 잘 발휘합니다. 회피나 저항 같은 방어기제 사용도 적습니다.

라포 형성에 도움이 되는 방법 중 하나는 시기에 따라 아이의 선택권을 조절해주는 것입니다. 미취학 시기, 초등 시기, 청소년 시기로 넘어갈수록 아이 말을 경청하고 선택을 존중하면서 자율성을 확대하는 방향으로 나아가야 합니다. 단, 저학년 아이에게 너무 많은 선택권을 주는 것은 좋지 않습니다. 특히 미취학 시기에는 지켜야 할 예의, 규칙, 사회규범 등 해도 되는 것과 하면 안 되는 것에 대한 분명한 설명과 확인이 필요합니다. 그리고 일상에 필요한 좋은 습관을 들일 수 있는 환경을 만들어줘야 합니다. 아이가 고학년으로 올라갈수록 점점 민감해지는 아이 감정에 공감해주고 아이가 어떤 선택을 하고 싶은지, 왜 그런 선택을 했는지 물어봐 줍니다. 아이가 뭘 선택해야 할지 모를 때도 부모가 대신 선택해주는 것이 아니라 적절한 선택지를 몇 가지 제시하면서 아이 스스로 결정할 수 있는 기회를 주는 것이 좋습니다.

안타깝게도 첫 라포 형성을 어렵게 느끼는 부모의 경우 아직 어린아이에게 버거운 선택을 강요하고는 아이가 울거나 힘들어하는 모습을 보이면 아이 감정에 공감해야 한다며 투정도 짜증도 무조건 받아줍니다. 그러다 갑자기 사춘기가 찾아와 아이가 엇나가는 것 같으면 "이것 하지 마라" "그렇게 하면 안 된다" 등의 규제를 합니다. 라포 형성과는 정반대 방향으로 가는 것입니다. 건강한 라포를 형성하기 위해서는 아이가 어릴수록 규칙과 예의범절을 배우고 좋은 습관을 들이도록 훈육하고 성장할수록 점차 공감과 선택의 폭을 넓혀줘야 합니다.

부모의 공감은 아이에게 정서적 신뢰감을 줍니다. 그리고 부모가 선택권을 넓혀주는 과정에서 아이는 자율성을 인정받습니다. 사춘기가 진행될수록 '공감'과 '자율성'이라는 이 두 가지 키워드를 쥐고 가야 라포가 올바르게 형성됩니다.

상담가로서의 부모

• • •

헷갈리기 쉬운 공감 육아

"어릴 적부터 애 아빠나 저나 공감을 무척 많이 해줬는데 태오는 다른 애들에게 공감을 못해요. 자기 생각만 해서 자꾸 싸움이 납니다."

학부모 상담을 요청한 태오 어머니의 이야기입니다.

"예를 들어 어떻게 공감을 많이 해주셨나요?"
"음… 공부하기 싫다고 하면 '공부하기 힘들어서 그렇구나' 이렇게 일단 공감해줬죠. 뭐가 힘든지 얘기해 보라고도 하고요. 아이 이야기를 들어주고 그래도 최소한 이런 것들은 해야 된다고 자세히 설명을 해줬어요. 공부만이 아니라 다른 것들도 일단 이야기를 다 들어주고 나서 설명을 해주는 편이에요."

"상담가 역할과 훈육자 역할을 섞어서 하셨네요. 공감이 중요한 건 맞습니다. 그런데 모든 걸 다 공감해줄 필요는 없습니다. 해야 하는 건 해야 하고 하지 말아야 하는 건 하지 말아야 해요. 공감은 해야 하는 것, 하지 말아야 하는 것과 상관없이 감정 상태를 읽어줄 필요가 있을 때 상담가 위치에서 해줄 수 있는 겁니다."

"무슨 말씀이신지…."

부모의 역할 중에 중요하지 않은 것은 없습니다. 양육자 역할, 교육자 역할, 보호자 역할 등 자녀와 관련된 역할은 모두 부모 몫입니다. 그중 간과하기 쉬운 역할 하나가 바로 '상담가 부모' 역할입니다. 아이 마음을 돌보고 올바른 방향을 잡아주는 심리상담가로서의 역할은 아이가 성장하고 사춘기에 이르면서 점점 더 강하게 요구됩니다.

유튜브 검색만으로도 공감, 내적 대화, 무의식, 직면 등 상담 관련 지식은 이전보다 더 쉽게 찾아볼 수 있지만 현실에서 아이들이 어른들에게 제대로 된 상담을 받는 경험은 별로 없습니다. 특히 '먼저 아이 마음을 읽어주라'는 여러 육아서의 지침을 오해한 부모가 바람직하지 않은 육아를 하는 경우가 늘고 있습니다. 물론 아이에게 공감해주는 것은 중요하지만 어떤 상황이냐에 따라 공감을 해주는 순서도 다르고 공감과 훈육 중 어느 쪽에 비중을 둘지도 달라집니다. 그런데 부모가 훈육이 먼저여야 할 상황에서도 무조건 아이 감정만 중요하게 생각하고 그것만을 다루면 '과잉 공감 상태'가 됩니다. 그러면 아이는 하지 말아야 할 행동은 하지 않아야 한다는 것은 배우지 못하고 자기 기분만 우선시합니다. 당연히 참을성이 없어지고 하고 싶은 것만 하려고 하며 자기 기분을 상하게 한 상대가 잘못했다고 생각하게 됩니다.

• • •

우리 대화는 어디를 향해 흐르는가

반대의 경우, 다시 말해 공감이 필요한 아이에게 훈육을 하는 것도 바람직하지 않은 것은 마찬가지입니다. 저학년 아이의 부모일수록 해야 할 일이 많습니다. 몸에 좋은 것을 챙겨 먹이고 옷도 잘 입혀야 합니다. 학교생활에 잘 적응하도록 아이 공부도 봐주고 친구도 만들어줘야 합니다. 문제는 아이들의 사춘기가 빨라진 것입니다. 사춘기가 온 아이가 마음이 힘들거나 고민이 있어 말을 꺼냈는데 그런 생각 할 시간에 공부나 하라는 말을 들으면 어떨까요? 아이가 주체적으로 성장하는 시기에 부모가 아이 내면의 역동을 읽어주지 못하거나 욕망을 알아차리지 못하면 아이에게는 '말해봤자 소용없다' '부모님은 내 맘을 알아주지 못한다' 같은 실망감만 쌓입니다.

심리상담실을 한번 떠올려 보겠습니다. 상담실 문을 열고 들어서면 의자 두 개가 놓여 있습니다. 한 의자에는 심리상담자가 앉아 있고 맞은편 의자에는 상담을 받는 내담자가 앉아 있습니다. 두 사람은 차분하게 대화를 나눕니다. 이번에는 조용한 카페를 떠올려 보겠습니다. 카페에 들어서니 여러 개의 테이블과 의자가 놓여 있습니다. 친구로 보이는 두 사람은 테이블을 사이에 두고 마주 앉아 있습니다. 달콤한 차를 마시며 즐겁게 이야기를 나눕니다.

상담실에서도 카페에서도 두 사람이 마주 보고 앉아 대화를 하고 있습니다. 그런데 우리는 전자는 상담이라고 하고 후자는 상담이라고 하지 않습니다. 왜 그럴까요? 심리상담과 일반 대화를 나누는 기준은 바로 대화 방향입니다. 때로 심리상담가가 아닌 평범한 친구와 만나 대화를 하는데도 마치 상담받듯이 내 고민을 털어놓은 경험이 있을 것입니다. 이럴 때는 형식상 친구와 일반 대화를 나눈 것 같지만 내면에서는 심리상담을 받은 것과 비슷한 효과가 나타납니다. 다시 말해 심리상담인지 아닌지는 대화 방향이 한 사람을 향해 흐르는지 여부에 달려 있습니다. 상담실에서 상담자는 대화 방향을 최대한 내담자에게 맞춥니다. 상담자 자신의 이야기를 하지 않습니다. 내담자의 이야기를 경청하며 내담자의 상태에 집중합니다.

부모가 아이를 위한 상담가 역할을 할 때도 마찬가지입니다. 아이가 내면의 이야기를 꺼내며 대화를 시도할 때는 대화 방향을 온전히 자녀에게 맞춰줘야 합니다. 이때부터 부모의 상담가 역할이 시작됩니다. 상담실에서는 절대로 내담자를 훈육하거나 가르치지 않습니다. 일단 내담자가 자기 목소리를 낼 수 있도록 귀 기울여 줍니다. 부모도 마찬가지입니다. 일단 아이 말에 집중해야 합니다.

만약 상담 중 아이가 잘못된 생각을 갖고 있거나 행동을 했음을 알게 되면 어떻게 해야 할까요? 앞에서도 말했듯 상담과 훈육은 구분해야 합니다. 아이의 잘못된 행동을 발견하면 그 즉시 훈육에 들어가야 합니다. 그럴 때는 상담자 역할이 아니라 사회적으로 약속된 규칙과 원칙을 알려주는 훈육자 역할을 하는 것입니다. 그리고 나서 다시 상담자 역할로 돌아오면 됩니다. 잘못된 건 잘못된 거지만 용기를 내 속마음을 얘기해줘서 고맙다는 마음을 전달하세요. 그리고 이어지는 아이 이야기를 집중해서 들어주면 됩니다. 왜 그런 일을 할 수밖에 없었는지, 그 과정에 물리적 압력이나 혼자 감내해야 하는 심리적 압박은 없었는지 묻고 들어주면 됩니다.

부모의 내면아이 구출 작전

점점 많은 역할이 더해져 부모의 어깨가 더욱 무거워져 가는 현실은 안타깝지만 아이의 자아가 건강하게 독립하는 데 훌륭한 나침반이 될 수 있는 것은 상담가 역할을 해주는 어른뿐이라는 사실은 변함이 없습니다. 심리상담은 인간의 무의식과 내면을 들여다보는 작업입니다. 겉으로 드러나는 행동이나 말투, 감정 표현 등을 심리학에서는 '증상'이라고 합니다. 증상들을 매개로 내면을 파고드는 여정이 심리상담입니다. 이 과정이 가능하려면 전제돼야 할 것이 있습니다. 바로 상담가 자신이 스스로의 내면을 파고들어 갈 수 있어야 한다는 것입니다. 실제 전문 심리상담가도 처음에는 직접 상담을 받습니다. 상담가 자신의 내면을 들여다보는 데서 출발하는 것입니다. 마찬가지로 부모도 자신의 내면을 파고들어 갈 수 있어야 합니다.

그런데 아무리 진심을 담아 권해도 아직은 사회적 시선 때문인지 상담실 문턱을 넘지 못하는 부모가 대부분입니다. 물론 굉장한 용기가 필요한 일이기는 합니다. 내면을 들여다보는 일은 마주하고 싶지 않은 나를 만나는 일이라 엄청난 고통을 수반하니까요. 상담실을 찾아가기 어렵다면 그전에 도움이 되는 몇 가지 방법을 소개해 드리겠습니다.

먼저 지하철이나 버스에서 단 5분이라도 잠시 눈을 감고 명상을 해보세요. 내적으로 나를 성찰하기 위한 환경을 만들어 줍니다. 일기장에 내면의 목소리를 써보는 것도 좋습니다. 뒤섞여 있던 감정이 언어로 표현되는 순간 내면의 역동이 정돈됩니다. 또 산책하면서 어린 시절 내 부모와의 기억을 떠올려 봅니다. 당시 느꼈던 서운함, 아픔, 긴장감, 공포 등을 찬찬히 살펴봅니다. 능동적으로 내 과거를 되짚는다는 생각으로 천천히 산책합니다. 기억 속에 머물러 있는 어린 시절로 돌아가 그 아이를 구출해 낸다는 느낌으로 혹은 "이제 그만 그 자리에서 떠나도 된다"라고 말해준다는 기분으로 해보길 권합니다.

침묵은 단절이 아니다

　부모가 상담가 역할을 잘해내기 위해 상담 기법을 알아두는 것은 도움이 됩니다. 문제는 그걸 다 공부하다 보면 아이는 이미 성장해 버린다는 것입니다. 상담 기법 중 사춘기 아이와의 관계에 접목하면 좋은 것을 하나 소개해 드리겠습니다. 바로 '침묵 견디기'입니다. 아이가 대화를 거부하고 말하지 않을 때 부모 역시 아무 말 없이 견디는 방법입니다.

　실제 전문 상담가도 가장 어려워하는 상황이 바로 침묵입니다. 내담자가 아무 말도 하지 않고 가만히 있는 것입니다. 부모도 마찬가지입니다. 아이가 대화하다 말을 멈추고 가만히 있으면 무척 당황스럽고 화가 나기도 합니다. 아이가 반항하는 것처럼 보이기도 합니다. 그럼에도 아이가 말하지 않을 때는 아이가 먼저 다시 말을 꺼낼 때까지 기다려줘야 합니다. 주의할 점은 마치 '네가 이기나 내가 이기나 해보자' 하는 자세로 기다리는 게 아니라는 것입니다.

　"언제든 말할 준비가 되면 말해. 기다려줄게."

결코 아이와 싸우는 태도가 아닙니다. "오늘은 말하기 어려운가 보구나. 네가 말하고 싶어지면 그때 말해도 돼"라고 분명하게 전달하고 자리를 떠나면 됩니다. 침묵이 곧 단절은 아니라는 점을 기억해 두세요. 아이가 내면의 방이 환기되도록 잠시 문을 열고 나간 것일 뿐 부모에게 등을 돌리고 문을 걸어 잠근 것은 아닙니다. 사춘기가 한참 진행돼 말수가 줄어든 고학년 자녀의 부모라면 특히 이 침묵의 순간을 잘 다뤄야 합니다.

분석심리학의 개척자라고 불리는 칼 구스타브 융Carl Gustav Jung 은 80세가 넘는 나이에 자서전에서 "고독이란 주변에 사람들이 없어서 생기는 것이 아니"며 "중요하게 여기는 것을 전할 수 없거나 자기는 가치 있다고 여기는 생각이 다른 사람들에게는 황당무계한 것으로 간주될 때 생기는 법"이라고 했습니다. 부모가 상담가로서 아이에게 다가간 첫날, 아이는 신이 납니다. 아이 입장에서 중요하다고 여기는 것, 가치 있다고 여기는 것을 엄마 아빠에게 조잘조잘 쏟아냅니다. 그런데 부모가 별거 아니라는 듯, 귀찮다는 듯 귀담아듣지 않으면 아이 내면에는 고독의 씨앗이 싹트기 시작합니다. 부디 모든 아이가 고독을 싹틔우지 않고 사춘기를 건너가면 좋겠습니다.

사춘기 자녀의 학습

• • •

그놈의 공부, 공부, 공부!

"엄마가 너 그 학원 보내려고 얼마나 힘들게 일하는지 알아?"
"내가 언제 학원 보내달라 그랬어?"
"너 그게 무슨 말이야! 네가 알아서 잘하면 엄마가 그러겠어!"
"내가 뭘! 내가 학교에서 얼마나 열심히 하는데!"
"열심히 하는 게 그 정도야! 그걸로는 어림도 없어. 요즘 그 정도 안 하는 애가 어딨니?"
"엄마! 학교 가봐, 다들 게임하고 유튜브만 봐! 내가 알아서 하고 있는데 자꾸 짜증 나게 학원비 얘기 좀 그만해!"

수업 시간에 학생들과 함께 '공부 때문에 짜증 나게 하는 엄마'를 주제로 역할극을 했을 때 등장한 대사입니다. 학생들이 직접 대본을 쓰고 배역을 정해 연기도 했는데 어찌나 실감 나던지 보는 내내 긴장감마저 들었습니다. 경험에서 우러나온 듯 진심이 담긴 말투였습니다.

의대 입시를 초등학생 때부터 준비하는 시대에 어느 집 누구는 선행 진도를 어디까지 나갔다더라, 또 누구는 하루에 학원을 몇 개 돌린다더라 하는 말을 들으면 부모는 내 아이의 공부가 충분한지, 다른 아이에게 뒤처지는 것은 아닌지 불안해집니다. 그래서 빠듯한 살림에도 내가 쓸 것 아껴가며 아이를 학원에 보냈는데 툭하면 학원을 빠지고 싶어 하고 숙제하기 싫어 몸을 배배 꼬는 모습을 보면 영 탐탁지 않습니다. 이게 다 아이 잘되라고 하는 일인데 그런 마음을 몰라주는 것 같아 서운함마저 느껴지고 결국 아이에게 잔소리를 쏟아냅니다. 하지만 사춘기 아이는 친구 관계나 이성 문제, 일상생활의 여러 가지 고민을 스스로 해결하느라 벅찹니다. 이미 예민해질 대로 예민한 상태에서 부모의 공부 잔소리와 스트레스까지 누적되면 아이에게는 엇나가고 싶은 마음이 일렁입니다.

열 보 전진을 위한 일 보 후퇴

　말을 할 줄 알게 된 유아기 아이가 가장 많이 하는 말은 "왜?"입니다. 아이에게 세상은 궁금한 것투성이입니다. "아이스크림 많이 먹으면 왜 배가 아파?" "매미는 왜 집이 없어?" 두 눈을 반짝반짝 빛내며 묻습니다. 언어능력이 발달하면서 인지능력과 사고력도 자라나 이것저것 호기심이 많아지기 때문입니다. 그렇게 유아기를 지나 사춘기에 이른 아이는 묻습니다.

　"왜 공부해야 해? 어차피 대학 나와도 전공대로 취직하는 사람도 별로 없는데?"

　어릴 때처럼 한결같이 왜냐고 묻는 아이. 그런데 아이 눈빛이 어떤가요? 궁금해 죽겠다는 듯 반짝이는 것이 아니라 짜증 나 죽겠다는 듯 싸늘하기만 합니다. 사춘기 시기 아이의 "왜?"는 더는 설명해 달라는 뜻이 아닙니다. 'Why'가 아니라 'NO!'에 가깝습니다. "나 공부하기 싫어"라는 말을 "왜 공부해야 해?"라는 질문으로 돌려서 한 것입니다. 그러니까 "좋은 대학을 나와야 좋은 회사에 취직할 수 있고…" 같은 설명을 해봤자 아이는 설득되지 않습니다. 아이가 원하는 대답이 아니기 때문입니다. 일단 사춘기 자녀가 "왜?"라고 물을 때는 즉답을 피하는 것이 좋습니다. 왜 공부해야 하는지 논리적으로 설명하지 말고 공부하기 싫다고 말하는 아이에게 먼저 공감을 표현해 줍니다.

"우리 하윤이… 요즘 공부하기가 힘든가 보구나."

이렇게 말해주고 대화를 끝냅니다. 왜냐고 묻는 말에 나름 친절히 설명을 해줘도 아이 입장에서는 나는 하기 싫은 일을 부모가 자꾸 하라고 강요하는 것처럼 들려 반박하게 되고 부모 입장에서는 아무리 설명을 해줘도 아이가 자꾸 말대꾸한다는 느낌에 자존심이 상합니다. 사실 아이는 공부하기가 힘들고 지겨워 투정을 부린 것뿐일 수도 있는데 말입니다. 그러니 아이 속마음에 공감만 해주는 것이 부모나 아이 모두 감정 소모를 줄이는 방법이 될 수 있습니다.

아이가 공부한다고 방에는 들어가 있는데 왠지 공부하는 것 같지 않아 불쑥 방문을 여는 부모도 있습니다. 딴짓하던 아이가 후다닥 공부하는 척하면 화를 내기도 합니다. 앞서 말했듯 사춘기는 아이가 한 개인으로 잘 성장하기 위해 부모에게서 독립해가는 시기입니다. 당연히 아이 방에 들어갈 때는 인기척을 내고 크게 노크를 해야 합니다. 부모가 예고 없이 방문을 열고 들어오면 아이는 공부하지 않고 딴짓을 하고 있었다는 사실에 창피함을 느끼기보다 부모가 내 공간을 무례하게 침범했다는 생각에 부모에게 존중받지 못하고 있다는 감정이 앞섭니다. 이 상태에서는 아이를 혼내도 소용이 없습니다. 오히려 부모에게 반감이 생겨 일부러라도 공부를 더 안 하는 모습을 보이고 싶어집니다. 그러니 아이가 스스로 공부하게 하고 싶다면 먼저 아이를 독립된 인격체로 존중하는 태도를 보여줘야 합니다.

(노크 후)
"방에 들어온 지 한 시간이 지났는데 아직도 공부 시작을 안 했구나."

이렇게 간결하게 말한 다음 곧바로 아이 방에서 나옵니다. 화를 낼 필요도 없습니다. 어디까지나 아이가 부모 말과 행동에 반기를 들지 않고 스스로 행동을 돌아보게 하는 것이 목적입니다. 부모 말을 듣고 난 뒤 아이가 너무 오래 놀고 있었다는 자각을 하면 충분합니다.

스스로 공부하고 싶어지는 부모의 말

집에서는 잘 모르고 지나치지만 교실에서는 명확히 보이는 사춘기 아이의 특징이 있습니다. 바로 타인의 시선을 무척 중시한다는 것입니다. 그래서 여자아이는 화장을 해보기도 하고 남자아이는 옷이나 헤어스타일에 신경을 씁니다. 요즘 트렌드에 뒤처진다고 느끼면 극도로 예민하게 반응하기도 합니다. 공부도 마찬가지입니다. 사실 사춘기 아이도 공부를 잘하고 싶어 합니다. 다만 순수하게 공부 자체가 좋아서라기보다 타인에게 잘한다는 시선을 받고 싶어 하는 셈입니다. 이런 아이의 속마음은 모른 채 부모는 반대로 말합니다.

"공부를 그렇게 해서 뭐가 되겠냐?"

타인의 시선에 민감하게 반응하는 사춘기 아이에게는 상처가 되는 말입니다. 정말로 아이 미래가 걱정된다면 현실적인 조언을 해줘야 합니다. 아이가 잘하는 것이 무엇인지, 더 잘하기 위해 어떤 점을 채워야 하는지 어른답게 이야기하는 것입니다.

"어휘력을 기르면 언어에서 더 좋은 성과가 있을 것 같아."

이렇게 아이의 작은 장점도 크게 칭찬해주고 발전 가능성이 있는 부분을 언급하며 격려해 줍니다. 그러면 아이는 '그래도 엄마가 날 인정해주는 부분이 있네' 하면서 그 시선을 계속 의식합니다. 다시 말해 아이가 스스로 공부하고 싶어지는 말은 아이를 인정해주는 말이라는 뜻입니다. 사춘기 아이에게는 인정욕구를 채워주는 말이 필요합니다.

사춘기 아이의 또 다른 특징은 무의식에 휘둘리기 쉽다는 것입니다. 심리학의 대가 지그문트 프로이트Sigmund Freud의 성격구조 이론에 따르면 인간의 의식은 무의식Unconscious, 전의식Preconscious, 의식Conscious 이렇게 3가지로 나뉩니다. 빙산을 떠올렸을 때 수면 위로 드러난 부분이 의식이고 수면 아래에 있는 부분이 무의식, 전의식은 이 둘의 중간 단계입니다. 쉽게 말해 의식이 내가 지금 무슨 생각을 하는지 정확히 인지하고 있는 상태라면 무의식은 이와 반대입니다. 우리가 인지하지 못하는 생각, 욕구, 충동, 기억, 감정 등을 의미하죠. 즉, 과거에 경험한 고통스러운 감정이나 죄책감, 상처, 부정하고 싶은 모습 등이 무의식에 잠재돼 있어 우리도 모르게 여기에 영향을 받는 것입니다.

공부의 '공' 자만 꺼내도 짜증 내고 화내는 아이가 있습니다. 이런 아이는 공부와 관련된 무의식에 굉장히 취약합니다. 실수로 한두 문제 틀렸을 뿐인데 호되게 혼난 기억, 이제 공부 좀 해봐야지 마음먹었을 때 들려오던 공부하라는 부모님의 잔소리, 공부를 한다고 하는데 성적은 떨어지기만 하는 경험 등이 무의식에 쌓인 것입니다. 해봤자 혼나거나 좋은 성과가 나질 않아 실패했다는 느낌을 오랫동안 받으면 아이는 '어차피 나는 공부해봤자 안 돼' 하는 무기력에 빠지고 맙니다.

공부와 관련된 부정적인 무의식과 학습된 무기력 때문에 힘들어하는 아이라면 '성취 빈도'를 살펴봐야 합니다. 성취 빈도는 '성공 경험'과 같습니다. 작은 일이라도 성공하는 경험을 해본 아이는 해냈다는 성취감과 나도 할 수 있다는 자신감을 가집니다. 학습뿐만 아니라 아이가 좋아하는 놀이 활동에서 성취감을 자주 맛볼 수 있게 신경 써줄 필요가 있습니다. 학습 성취도는 개인 정서와 습관, 성실성과도 밀접하게 연관되기 때문입니다. 사춘기 아이가 공부에 짜증으로 반응하며 강한 회피 또는 저항의 모습을 보일 때는 작은 성공 경험을 자주 쌓을 수 있도록 도와주는 것이 먼저입니다. 이때 암기력을 활용하는 것도 한 방법입니다.

"10분 시간 줄 테니까 영어 단어 딱 5개만 외워보자."

암기력은 작은 학습 성취감을 맛보는 데 효과가 매우 좋습니다. 아이 수준에 어렵지 않은 단어라면 대부분이 5개 전부 맞힙니다. 간혹 1개 정도는 기억하지 못할 수도 있는데 이때 아이가 맞히지 못한 1개에 지나치게 집중해 실망하거나 좌절하지 않도록 4개를 맞힌 노력에 대한 칭찬과 격려를 해주는 것이 좋습니다. 이렇게 일주일 정도 단어 5개를 다 맞히는 경험을 반복하게 해줬다면 그다음에는 단어 7개, 10개로 단어 수를 점차 늘려갑니다. 작지만 구체적인 성취 경험이 반복되면 아이 마음속에는 점차 해볼 만하다는 자신감이 생겨납니다. 내 아이의 무의식을 잘 살펴보면서 성취 빈도를 높여줄 방법을 찾아보길 바랍니다.

사춘기 아이와
잘 싸우는 부모

• • •

엄마를 이기는 아이

"초등 5학년 아들을 뒀는데요, 문제집 한 장을 풀게 하는 것조차 쉬웠던 적이 없습니다. 아이와 실랑이하지 않고 문제집을 풀게 할 방법 없을까요?"

사춘기 관련 강의에서 자주 듣는 질문 중 하나입니다.

"아이가 문제집을 풀지 않고 엄마와 싸우는 이유는 뭘까요?"
"문제집 풀기 싫어서 그러는 거 아닐까요?"

"이제 엄마한테 반항을 시작한 게 아닐까요?"

다 맞습니다. 아이들은 문제집을 풀기 싫어합니다. 그 싫어하는 마음을 강한 반항으로 표현하는 것입니다. 하지만 사춘기 아이가 엄마와 싸우는 진짜 이유는 따로 있습니다. 바로 엄마와 싸워서 이길 수 있을 것 같기 때문입니다. 여기서 '싸워서 이긴다'는 말에는 안 하겠다고 떼쓴 결과 엄마에게서 문제집을 풀지 않아도 된다는 말을 받아내는 것까지 포함됩니다. 아이 말과 행동에 이런 의도가 숨어 있는 한 자주 싸울수록 손해 보는 사람은 엄마입니다. 시간이 갈수록 엄마가 아이에게 지는 횟수는 늘어날 수밖에 없습니다.

문제집뿐일까요? 음식을 골고루 먹지 않는 것으로도 언성이 높아집니다. 방 좀 치우라고 싸웁니다. 스마트폰 게임 좀 그만하라고 싸웁니다. 유튜브 보지 말고 빨리 자라고 싸웁니다. 이렇게 사사건건 싸우다 보면 엄마가 먼저 지칩니다. 아이들은 금세 회복되는 반면 엄마의 의지력은 금방 꺾입니다. 결국 엄마가 한걸음 물러나는 경우가 더 많아집니다. 혈기 왕성한 아이와 비교했을 때 체력적으로 뒤처지는 점도 있지만 엄마에 대한 고정적이고 일반화된 이미지 영향 탓도 큽니다.

'한없이 퍼주는 사랑' '어떤 어려움이 있어도 자식들을 위해 희생하고 뒷바라지하는 헌신'… 아이와 싸우고 나면 헌신하지 못한 것 같아서, 한없는 사랑을 주지 못한 것 같아서 엄마는 죄책감이 듭니다. 사실 아이를 낳았다고 사랑과 헌신하는 마음이 불쑥 생기는 것은 아닌데 말입니다. 엄마도 아이와 함께 매일 부모라는 이름으로 성장하는 중입니다. 그러는 와중에 제대로 준비하지 못한 채 빠르게 사춘기를 맞은 아이와 맞붙게 되는 것입니다. 엄마에게 반항하고 대드는 아이 모습이 낯설고 두려워 한 걸음 물러났을 뿐인데 어느새 아이에게 끌려다니고 맙니다.

· · ·

사춘기 아이와 현명하게 싸울 수 없을까?

사춘기 아이와 현명하게 싸우는 방법은 없을까요? 먼저 '아이와 싸운다'는 생각부터 바꿔야 합니다. 부모의 또 다른 이름은 양육자입니다. 아이가 올바른 성인이 될 수 있도록 이끌어주는 사람이 부모입니다. 그런 어른이 아이 눈높이로 내려오면 안 됩니다. 자녀와 싸운다는 것은 아이와 동등한 위치로 내려왔다는 뜻입니다. 부모는 아이가 모르는 것을 알려주고 바른 길로 안내해주고 잘못된 행동은 하지 말라고 가르쳐주는 위치에 머물러야 합니다.

초등 시기는 아이가 좋은 습관을 갖출 수 있는 거의 마지막 단계입니다. 사춘기 자녀라도 예외는 없습니다. 엄밀하게 말하면 좋은 습관은 부탁하는 것이 아닙니다. 그냥 하게 하는 것입니다. 아이가 하지 않으면 단호한 목소리로 말하세요. 설득하거나 부탁하지 않습니다. 당위적으로 말합니다.

"이 닦을 시간이야."
"여기 있는 야채는 먹어야 해."
"숙제를 다 하고 놀아야지."

사춘기 아이가 반드시 갖춰야 할 좋은 습관을 세 가지만 꼽아 보겠습니다. 먼저 타인을 다치게 하거나 해치는 행위는 예외 없이 하지 말아야 합니다. 내 욕구가 타인의 안전보다 우선할 수 없다는 사실을 분명히 인지하게 해야 합니다. 다음으로 이타성입니다. 적극적으로 타인을 도울 뿐 아니라 타인에게 관심을 갖고 내 것을 나누거나 공유하거나 양보할 수 있어야 합니다. 마지막은 규칙 지키기입니다. 학교는 작은 사회입니다. 아이가 성장해 더 큰 사회공동체로 나가려면 공공의 이익을 위해 만든 규칙을 꼭 지켜야 한다고 알려주세요. 해야 하는 일은 해야 하는 것일 뿐 싫다고 하지 않아도 되는 것이 아님을 단호하게 말해줍니다.

권위 있는 엄마 되기

 부모 중 특히 엄마에게만 폭력성을 보이는 남자아이가 있습니다. 엄마를 밀치거나 발로 차고 머리채를 휘어잡기까지 합니다. 아이의 이런 행동은 어느 날 갑자기 나타난 것이 아닙니다. 아마 그전에는 소리를 지르거나 욕하는 정도였을 것입니다. 그 단계에서 용인됐기 때문에 신체 폭력으로까지 이어진 것입니다. 따라서 자녀의 강압적인 행동이나 표현이 나타났을 때 모른 척 지나가면 안 됩니다. 아이가 폭력적인 모습을 보일 때 뒷걸음질하지 마세요. 그러지 말아달라고 부탁하는 행동은 절대 해서는 안 됩니다.
 그럼 화를 내는 아이 앞에서 더 크게 화를 내면 될까요? 아닙니다. 단호한 어조로 정확하게 말하면 됩니다.

 "하지 마."

 그래도 아이가 말을 듣지 않고 강압적인 태도를 보이면 방에서 나오지 말라고 경고하고 아이 혼자 방에 남겨둡니다. 그리고 절대 아이 요구를 들어주지 않습니다. 하나밖에 없는 아이에게 너무 무섭게 대했나 싶어서 "이번 한 번만 해줄게"라고 말하는 순간 아이의 강압적 태도는 강화됩니다.

단, 한 가지 전제돼야 할 조건이 있습니다. 사춘기가 시작되기 전 미취학 시기부터 아이가 친사회적 표현이나 행동을 보였을 때 이를 긍정해주는 말과 표현을 듬뿍 해줘야 합니다. 예를 들어 엘리베이터에서 이웃에게 인사를 잘했다거나 지하철이나 버스정류장에서 줄을 잘 섰다거나 공공장소에서 떠들거나 뛰지 않았을 때 애정 어린 표현과 행동으로 바로 응답해 줍니다. 그러면 아이의 긍정 행동이 강화됩니다. 미국 듀크대, 뉴욕대 공동 연구 팀은 사춘기 소년이 남성성을 위협받는다고 느낄 때 공격적인 행동을 보인다는 연구 결과를 보고한 적이 있습니다. 사춘기 소년은 '남자는 이래야 해'처럼 성별 전형성을 유지하려는 동기가 강하다는 공통점을 보였는데 이런 특성이 사춘기 이전에는 나타나지 않았다고 합니다. 해야 할 행동과 하지 말아야 할 행동의 경계가 분명한 아이는 부모의 단호한 말을 곧바로 이해합니다. 그래서 선을 넘는 행동을 하지 않습니다.

단호한 부모는 나쁜 부모가 아닙니다. 아이 눈빛이 싸늘해진 순간을 잘 견뎌내야 합니다. 그래야 아이가 올바른 어른으로 성장하도록 이끌어줄 수 있습니다. 엄마가 한발 물러나면 그 순간에는 평화가 옵니다. 싸늘했던 아이 눈빛이 웃음으로 번지고 아이는 행복하다는 표정을 지을 것입니다. 하지만 잠시뿐입니다. 욕구가 채워지지 않으면 아이는 또다시 엄마에게 소리 지르고 떼

쓰고 폭력을 행사할 것입니다. 참다못한 엄마가 강하게 나가면 말을 들을 것처럼 굴기도 합니다. 그런데 아이는 압니다. 지금 이 순간만 잘 넘기면 미안해진 엄마가 더 큰 선물을 안겨주리라는 것을요. 이런 패턴을 반복하면 안 됩니다. 아이와 타협하면 안 되는 순간에 져주면 엄마의 권위가 무너진다는 것을 기억하세요.

사춘기는 자기 욕구대로 행동하는 시기가 아닙니다. 자기 욕구를 건강하게 조절하는 방법을 배우는 시기입니다. 그러면서 자기 내면의 기준을 세워가는 것입니다. 아이가 잘못된 자기 욕구를 관철하기 위해 미성숙한 행동을 보인다면 조절해야 할 것이 무엇이고 어떤 기준으로 살아야 하는지 단호하게 언급해주길 바랍니다. 아이와 똑같은 태도로 싸우다 지치거나 더 큰 강압으로 누르는 것이 아니라 간결하게 알려주는 것이 핵심입니다.

☆ 선호쌤의 사이다 한 잔 ☆

현명한 부모는 이렇게 합니다

- 사춘기 자녀와 소통하기 위해서는 라포 형성이 중요합니다. 아이에게 일방적인 대화를 시도하기 전에 아이가 무엇을 좋아하는지 유심히 지켜보고 취향이나 취미 등을 공유하는 시간을 가져보세요.

- 상담가로서의 부모와 훈육자로서의 부모는 구분돼야 합니다. 공감이 필요한 상황에서는 공감을, 훈육이 필요한 상황에서는 훈육을 해주세요. 부모 자신의 내면을 먼저 들여다보는 것도 꼭 필요한 과정입니다.

- 스스로 공부하는 아이를 만들고 싶다면 장점을 격려해주고 작은 성취 경험을 반복해 쌓을 수 있도록 도와주세요. 암기 테스트를 활용하는 것도 방법 중 하나입니다.

- 사춘기 아이와 싸우지 마세요. 아이가 폭력적인 행동을 보일 때는 피하거나 그러지 말라고 부탁하는 것이 아니라 단호하게 하지 말라고 말해야 합니다. '이번 한 번만' 하고 넘어가면 부모의 권위는 무너집니다.

· 3장 ·

사춘기 문제 행동 수정하기

사춘기 아이를 크게 성장시키는

세 가지 능력

의지력이 아니라
습관을 길러라

사춘기, 비판적 사고가 시작되는 시기

길게 봤을 때 초등 1학년부터 4학년까지는 좋은 생활 습관 형성이 무척 중요합니다. 습관이란 큰 의지 없이도 자동으로 하게 되는 행위를 뜻합니다. 이 시기 갖춰야 할 습관은 한두 가지가 아닙니다. 규칙적인 숙면 습관, 청결 유지 습관, 과제를 스스로 하는 습관, 예의를 갖추는 습관, 바른 언어 습관 등 삶의 전반에 관련된 모든 좋은 습관을 이 시기에 갖춰야 합니다. 나쁜 것을 의식적으로 피하고자 하는 것도 삶의 좋은 습관 영역에 해당됩니다.

아이가 부모나 교사의 말을 신뢰하며 받아들이고 반복하는 과정을 거쳐야 습관이 만들어집니다. 하나의 습관이 완성되기 위해서는 최소 60일에서 90일 정도를 지속적으로 반복해야 합니다. 습관은 비판적으로 사고할 때보다 수용적 사고와 태도를 지니고 있을 때 더 형성하기 쉽습니다. 사춘기가 앞당겨지기 전에는 아이가 이런 좋은 습관을 형성할 시간적 여유가 충분했습니다. 하지만 초등 1~2학년에 이미 사춘기적 신체 반응이 시작되고 3학년 쯤이면 심리적으로도 사춘기를 맞는 요즘에는 좋은 습관이 자리잡히기도 전에 비판적인 반응이 먼저 튀어나옵니다. 그렇지 않아도 좋은 습관을 형성할 물리적 시간이 부족한데 비판적 사고가 이를 더욱 방해하는 것입니다.

이렇게 좋은 습관을 형성하지 못한 채 심리적 혼란을 마주하는 아이들은 일상을 살아내는 데 많은 의지를 사용하게 됩니다. 숙제를 하는 데도, 양치를 하는 데도 의지력을 써야 하고 일찍 잠드는 데도 의지력을 써야 합니다. 그러면 정작 에너지를 쏟아야 할 부모와의 분리나 독립적 가치관 형성에 그 힘을 다하지 못합니다. 우리 아이가 의지가 부족한 상태가 아니라 의지력을 사용하지 않고도 할 수 있는 좋은 습관이 부족한 상태로 사춘기를 맞이하는 것입니다.

마시멜로의 함정

원래 아이들의 의지력은 생각보다 낮습니다. 평균이 100점 만점이라면 10점 정도 줄 수 있습니다. 너무 낮은 점수라고 생각할지 모르지만 그 반대입니다. 평상시 아이들의 의지력은 5점을 넘기기 어렵습니다. 특히 감정 기복이 심한 사춘기 아이들에게는 10점도 정말 높은 점수입니다. 하지만 아이들의 의지력이 이렇게 낮아도 그리 심각한 문제는 생기지 않습니다. 오히려 이 사실을 잘 모르거나 인정하지 않고 아이들에게 높은 의지력을 기대할 때 문제가 됩니다. 실제로 이 잘못된 기대감 때문에 많은 아이가 '마시멜로'의 희생자가 됐습니다.

마시멜로 실험을 들어본 적 있을 것입니다. 아이들 눈앞에 마시멜로를 놓고 15분 동안 의지력을 발휘해 참고 먹지 않으면 두 개를 더 주는 실험이었습니다. 마시멜로를 먹지 않고 참은 소수의 아이가 성장한 후에도 여러 방면에서 높은 성취도를 보였다는 결과가 화제였습니다. 이 때문에 많은 부모가 자녀의 일명 '만족 지연' 능력(자기통제의 하위 영역 중 하나로 더 큰 결과를 얻기 위해 즉각적 즐거움이나 보상, 욕구를 자발적으로 억제하고 통제하면서 욕구충족 지연으로 인한 좌절감을 인내하는 능력)을 키우기 위해 의지력을 높이려고 애를 썼습니다. 그 결과 많은 아이가 자신의 의지력이 매우 낮다는 사실을 알게 됐습니다. 더불어 실망스러워하는 부모의 표정도 보게 됐습니다. 사실 알고 보면 마시멜로를 바로 먹은 아이나 먹지 않은 아이나 의지력에는 별 차이가 없었습니다. 원래 아이들은 의지력이 많이 낮기 때문입니다. 단지 그 상황을 얼마나 회피했느냐에 따라 성패가 달라졌을 뿐입니다.

무슨 말이냐고요? 사실 그 실험에서 마시멜로를 먹지 않은 아이들의 행동 패턴을 보면 눈앞에 있는 마시멜로를 보지 않는 방법을 썼습니다. 먹고 싶다는 욕구를 의지만으로는 극복하기 어려워서 아예 두 손으로 눈을 가리거나 아니면 자리에서 일어나 다른 것을 쳐다보면서 그 시간을 흘려보냈습니다. 마시멜로를 바라보고 앉아 있는 채로 의지력을 발휘해 먹지 않을 수 있었던 아이는 없었습니다. 결론적으로 말해 의지력을 발휘한 아이가 아니라 의지력을 발휘해야 하는 상황을 능동적으로 '회피'한 아이가 성공했다는 뜻입니다.

초등 사춘기 아이에게도 이 회피 기제는 효용성이 좋습니다. 아이들에게 어떤 절제력을 발휘하게 할 때 의지를 갖고 견디라고 말하는 것은 효과가 거의 없습니다. 왜 그걸 견뎌야 하느냐고 자꾸 근본적인 질문을 합니다. 그 질문은 부모에게 저항으로 보입니다. 이보다는 의지력을 발휘해야 하는 상황을 일단 회피하고 지나가게 하는 것이 전략적으로 성공 가능성을 높일 수 있습니다. 예를 들어 아이가 숙제한다고 방에 들어가서는 자꾸 스마트폰만 본다면 "숙제 다 할 때까지는 핸드폰 보지 마라"라고 말하는 것보다 스마트폰을 책상 위가 아닌 거실에 두게 하는 것이 효과적입니다.

사춘기 아이들이 초등 고학년을 지나 중·고등학교에 진학하는 7~8년 기간 동안 높은 성취도를 보이는 아이와 그렇지 않은 아이의 의지력에는 거의 차이가 없습니다. 성취의 차이는 '기대감'에서 옵니다. 이 일을 해내면 뭔가 좋거나 즐거울 것 같다는 기대감이 동기를 유발해주기 때문입니다. 강한 동기가 있으면 오히려 의지력은 남아돕니다. 의지력을 쓰지 않고도 그 일을 해낼 수 있으니까요. 이렇게 남은 의지력이 매일 꾸준히 성취동기를 이루는 데 쓰이는 것입니다.

· · ·

습관은 애쓰지 않는다

안타깝지만 초등 고학년이라도 진로를 명확히 정하기는 아직 어렵습니다. 뭔가에 강한 동기가 유발돼 의지력을 발휘하지 않고도 성취감을 얻기 위해 노력하는 아이는 무척 드뭅니다. 따라서 의지력에 집착하기보다 습관을 만드는 데 중점을 두는 것이 성취 동기를 달성하는 보편적 방법이 될 수 있습니다. 대부분의 문제는 의지력이 아니라 습관을 길러 해결할 수 있습니다. 다시 한 번 강조하지만 초등 시기는 의지력을 키우는 시기가 아닙니다. 좋은 습관을 쌓는 시기입니다. 그래서 초등 교육목표에도 명확히 '기본생활습관'을 명시하고 있습니다. 앞서 언급했듯이 습관적으로 한다는 말에는 의지력을 발휘하지 않고서도 그냥 자동으로 한다는 뜻이 들어 있습니다. 그럼 아이가 자동으로 뭔가를 하게 하는 방법은 무엇이 있을까요?

먼저 시각화 방법이 있습니다. 예를 들어 교실을 보면 칠판에 오늘의 정리 당번 이름이 적혀 있습니다. 이렇게 적어놓는다고 갑자기 정리 당번 일이 즐거워지거나 동기나 의지가 생겨 열심히 하게 될까요? 아닙니다. 대신 정리 당번 일을 잊지 않게 해줍니다. 수업 중에도 시선이 늘 칠판을 향해 있으니 잊을 만하면 상기시켜 줍니다. '아, 내가 정리 당번이었지! 점심 먹고 교실을 정리해야겠구나' 하고 해야 할 일을 잊지 않게 해주는 것입니다. 집에서도 마찬가지입니다. 아이가 의지력을 발휘하지 않고도 할 수 있도록 습관화하려면 아이가 해야 할 일을 말로만 알려주지 말고 종이에 적어 아이 방문, 화장실 문, 현관문 등 행동반경 안에 잘 보이도록 붙여놓습니다. 처음에는 종이에 적힌 것을 보고 하지만 나중에는 방문 앞에만 가도 그 일이 자동으로 떠올라 하게 됩니다.

다음으로 의지력을 발휘하지 않아도 되는 환경을 만들어주는 것도 좋습니다. 예를 들어 단 음식을 너무 많이 먹는 사춘기 아이라면 일단 냉장고 안에서 아이스크림이나 탄산음료를 모두 치우는 것입니다. 일단 없으면 '먹을까 말까' 고민하며 먹지 않기 위해 의지력을 발휘할 필요가 없어집니다.

인간행동연구전문가이자 서던캘리포니아대학 심리학 교수로 재직 중인 웬디 우드Wendy Wood는 저서 《해빗》에서 "습관은 애쓰지 않는다"고 말했습니다. 저는 이 말을 학부모에게 이렇게 바꿔서 전하고 싶습니다.

"자녀를 애쓰게 하지 마세요. 의지력보다 습관이 먼저입니다."

빨라지고 길어진 자녀 사춘기에는 부모의 의지력도 바닥을 보입니다. 얼마 남지 않은 의지로 사춘기 자녀와 싸워가며 자녀의 의지력을 높이려다 부모와 자녀가 함께 무너지는 모습을 종종 보게 됩니다. 모든 힘이 그렇듯 의지력도 쓸수록 소진되고 안 쓸수록 비축됩니다. 아이가 의지력으로 승부를 보려는 삶의 자세를 갖지 않게 해주세요. 그보다는 좋은 습관을 지니도록 교육하는 것이 더욱 효과가 좋습니다. 특히 사춘기가 앞당겨지고 습관 형성 기간이 짧아진 지금은 아이에게 좋은 습관을 길러주는 데 더 집중해야 합니다.

자기중심적 사고를
넘어서기 위한 공감 능력

• • •

이게 정말 장난이라고?

몇 년 전 초등학생들이 아파트를 돌아다니면서 설 선물로 도착한 택배 상자를 뜯어버린 사건이 보도됐습니다. 심지어 물건을 주변에 흩어놓는 바람에 주민이 넘어져 다치기도 했다는 뉴스였습니다. 어른 입장에서는 너무 황당하고 단순히 애들이 몰라서 장난을 쳤다고 치부하기엔 납득하기 어려운 상황입니다.

실제로 학교 현장에 있다 보면 이와 유사하게 아찔하다 싶은 일이 일어납니다. 예를 들면 사춘기 고학년 아이들이 학교 화장실에서 두루마리 휴지를 잔뜩 뜯어 물에 흠뻑 적십니다. 그러면 휴지가 눈 뭉치처럼 잘 뭉쳐집니다. 이렇게 만든 휴지 뭉치를 3~4층 되는 화장실에서 창밖으로 던집니다. 목표물은 길을 지나는 자동차입니다. 자동차가 그 물휴지 폭탄을 맞으면 자칫 대형 사고로 이어질 수 있는 위험한 상황입니다. 아이들에게 왜 그런 행동을 했는지 물어보면 '재밌을 것 같아서' 그랬다고 합니다. 위험한 장난의 주된 이유가 재미인 것입니다. 아이들은 상상은 할 수 있지만 직접 경험해보진 못한 것이 많습니다. 그래서 실제로 그렇게 되는지 궁금해합니다. 그러면 일단 한번 해봅니다. 정말 그 일이 일어나는지 일어나지 않는지 직접 해보고 확인하고 싶다는 호기심으로 움직입니다.

요즘은 성인이 했다면 명백히 범죄가 될 수 있는 일을 저지른 초등학생과 관련된 뉴스가 점점 자주 들려옵니다. 그런데 이런 뉴스를 접할 때마다 안타까움이 몰려듭니다. 대부분의 뉴스가 이런 상황에서 미성년자를 법적으로 처벌할 수 있느냐 없느냐에 관한 논쟁으로 끝나기 때문입니다. 교육적 해결 방안 논의는 찾아볼 수 없습니다.

아이들의 가장 큰 장점은 성장한다는 것입니다. 교육에서 성장이란 곧 변화의 여지가 아주 많다는 뜻입니다. 전문용어로는 이를 '교육 발달'이라고 합니다. 아이들이 변화할 수 있도록 처벌을 논하기에 앞서 어떻게 변화를 이끌어낼 수 있을지 많은 어른이 함께 관심을 가져줘야 합니다.

일단 두 가지 측면에서 바라봐야 합니다. 첫째는 초등 아이들의 '자기중심적 사고'이고 둘째는 이 아이들에게 '도덕적 기준'이 생기는 과정입니다.

자기중심적 사고에 머무는 요즘 사춘기

먼저 '자기중심적 사고'부터 살펴보겠습니다. 발달 측면에서 자기중심적 초점은 아이가 성장함에 따라 자기와 타인 초점으로 바뀝니다. 연구에 따르면 타인을 생각하고 덜 자기중심적 방식으로 생각하는 능력은 7~14세 사이에 정착된다고 합니다. 보통은 초등학교에 입학하고 3학년 정도 되면 상당 부분 자기중심적 사고에서 벗어납니다. 친구나 선생님과의 관계에서 타인의 관점을 수용하는 것입니다. 그런데 아이마다 자기중심적 사고에서 벗어나는 정도에 편차가 있습니다. 자기중심적 사고가 강한 아이는 이렇게 생각합니다.

'이런 장난 하면 재미있겠네.'

장난의 결과가 가져올 위험성을 생각하기보다는 다른 친구도 그 장난을 재밌고 즐겁게 여길 것이라 생각합니다. 나서서 재밌는 장난을 친다면 또래 그룹에서 영웅이 될 수 있다는 지극히 자기중심적인 생각을 하는 것입니다. 더군다나 3학년 이전에 사춘기를 맞는 아이가 늘어나면서 자기중심적 사고에서 벗어나지 못한 채 사춘기를 겪는 아이도 늘고 있습니다. 사춘기는 빨라지는데 자기중심적 사고에서의 탈피는 이 속도를 따라오지 못하는 것입니다. 결국 자기중심적 사고와 사춘기 충동성이 만나 납득하기 어려운 문제 행동이 빈번하게 발생합니다. 자기중심적 사고는 이후 관계성이나 사회성 발달에도 영향을 주기 때문에 사춘기가 오기 전에 아이가 자기중심적 사고에서 벗어날 수 있게 해주는 것이 중요합니다.

아동 발달 분야의 선구자라고 불리는 장 피아제Jean Piaget는 아이들이 자기중심적 사고에서 자연스럽게 벗어나는 과정에서 다양한 연령대의 친구, 형제, 자매 그리고 다각도의 관점을 보이는 타인과 상호작용하는 것이 중요하다고 말합니다. 안타깝지만 요즘 아이들은 형제자매도 적고 동네에서 나이가 다른 선후배와 어울릴 기회가 거의 없습니다. 최근 초등학교에서는 이런 어려움을 겪는 아이들에게 도움을 주고자 학생자치활동을 강화하고 있습니다. 예를 들면 3~6학년 학급 회장 학생들이 모여 전교어린이 회의를 통해 의견을 나누고 학교에서 학생들이 스스로 지켜야 할 규칙 등을 만드는 것입니다. 또 고학년 학생들이 저학년 교실에 찾아가 책을 읽어주거나 임시 선생님이 돼서 그림 그리기나 만들기 같은 활동을 도와주기도 합니다. 가정에서 아이가 미취학 시기나 초등 저학년 시기에 사촌 형제자매와 자주 만나며 어울릴 시간을 만들어 주는 것도 자기중심성을 벗어나는 데 도움이 될 수 있습니다.

기본적으로 자기와 타인 초점은 '타인의 시선이나 인식이 나와는 다를 수도 있구나' 혹은 '타인이 나보다 더 뛰어날 수도 있구나'를 경험하면서 생깁니다. 러시아 심리학자 레프 비고츠키Lev Vygotsky는 유치원 아이들을 대상으로 한 실험에서 아이들이 느끼기에 약간 어려운 과제를 줬을 때 아이가 자기중심적 사고에서 벗어나는 데 도움이 됐다는 사실을 알아냈습니다. 너무 어려운 과제를 준 경우 자기중심적 사고를 하는 아이들은 타인에게 도움을 요청하지 않았습니다. 다른 사람도 모를 거라고 생각했기 때문입니다. 하지만 약간 어려운 과제가 주어졌을 때는 친구나 선생님에게 도움을 요청했습니다. 내게 약간 어렵듯이 다른 사람도 약간만 어려울 거라 생각했기 때문에 다른 사람과 협력하며 과제를 해결하려는 시도를 한 것입니다. 이 과정에서 아이는 타인의 새로운 생각을 만나며 자기중심적 사고에서 벗어나는 경험을 쌓습니다. 따라서 아이의 신체, 언어, 흥미, 습관을 고려해 약간 어려운 과제를 제시해주면 아이가 자기중심적 사고에서 벗어나는 데 도움이 될 수 있습니다.

타인 공감 능력을 키워라

타인에 대한 정서적 공감 능력은 아이마다 차이가 심한 영역입니다. 공감 능력이 있는 아이는 심한 장난이 발동하려는 순간에도 자기조절력을 잘 발휘합니다. 타인이 내 장난으로 얼마나 힘들어할지 정서적으로 느끼기 때문입니다. 하지만 6학년이 돼도 공감 능력이 거의 0에 수렴하는 아이도 있습니다. 따라서 교육 현장에서는 최소한의 도덕적 기준을 가르치는 데 중점을 둡니다. 행위의 도덕적 기준을 인지하게 해주려는 것입니다. 교육 방법은 여러 가지가 있지만 그중 효과가 탁월한 방법이 바로 사례를 직접 체험하게 하는 것입니다.

사례를 체험하게 하는 방법으로는 상황극이 좋습니다. 아이가 상황극 속에서 어떤 피해를 간접적으로 경험하게 하는 것입니다. 그러면 특정 상황에서 어떤 마음일지 상상하는 데 도움이 됩니다. 상황극을 마치고 아이들에게 소감을 물으면 대부분 진정성 있게 대답합니다. 예를 들어 자신이 왕따인 상황극을 하고 나면 단지 연기였을 뿐인데 정말 힘들어서 죽고 싶은 심정이 들었다고 말합니다. 그러면 이 아이에게는 친구를 따돌리면 안 된다는 도덕적 기준이 각인되는 것입니다.

　장애인 체험을 하는 것도 사춘기 아이에게 관계에 대한 새로운 시각을 심어줍니다. 예를 들어 눈가리개를 하고 복도를 혼자 천천히 걸어서 화장실을 가게 합니다. 물론 주변에 위험한 것들은 미리 치워 놓습니다. 아이들은 더듬거리면서 간신히 목적지인 화장실에 도착하거나 혹은 도착하지 못한 채 상황이 종료되기도 합니다. 체험 후 소감을 적어보라고 하면 마찬가지로 진정성 있는 대답이 돌아옵니다. 잠깐 앞이 보이지 않은 것뿐인데도 정말 두렵고 힘들었다고 합니다. 타인의 아픔과 고통이 내가 생각하는 것보다 훨씬 더 강렬하다는 사실을 깨닫습니다. 이런 경험은 타인의 어려움을 인지하는 도덕적 기준으로 자리 잡습니다. 그리고 이 기준은 아이가 자기중심적 사고에서 빠르게 벗어날 수 있도록 도와줍니다.

심한 장난을 치고 어른에게 들킨 순간 아이들은 강한 두려움에 휩싸입니다. 그래서 내가 얼마나, 어떻게 혼날 것인지에 몰두합니다. 실제로 대부분 심하게 혼납니다. 그런데 훈육이나 처벌만으로 끝나면 정작 문제 행동은 잘 개선이 되질 않습니다. 그 순간 혼나는 데 대한 두려움이 너무 강해 훈육을 받아들일 인지적 능력이 현저히 낮아지기 때문입니다. 따라서 장기적인 관점으로 접근해야 합니다. 일단 문제 상황이 정리되고 안정되면 아이들이 자신의 행동으로 피해를 입은 사람에게 사과하는 기회를 마련하는 것이 좋습니다. 직접 전달하지는 못하더라도 편지 형식의 사과문을 작성하게 하는 것도 좋습니다. 일정 시간 봉사활동을 하게 하는 것도 큰 도움이 됩니다. 한 번의 장난으로 얼마만큼의 시간과 노력을 들여야 잘못을 갚아나갈 수 있는지 몸으로 느끼면 자기중심적 사고와 충동성이 혼재한 상태에서도 행동 수정이 효과적으로 이뤄집니다.

자존감을 키우는 언어 습관

• • •

뇌를 망가뜨리는 언어 습관

"야! 떨어뜨리면 죽는다!"
"뭐? 이 씨X 새꺄, 니도 저번에 그랬잖아!"

쉬는 시간 교실 뒤편에서 아이들 몇이 엉켜 욕설을 주고받습니다. 목소리 톤을 보면 바로 알아챌 수 있습니다. 그냥 친한 친구끼리 장난인지, 감정이 섞인 말인지 말입니다. 저는 이 둘의 목소리에서 심각한 감정을 감지했습니다.

"민준! 시우! 하던 거 멈추고 이리 갖고 와봐. 무슨 일이야?"
"니 때문에 그런 거잖아!"
"이 새끼가 죽을라고!"

민준이와 시우가 손에 뭔가를 쥔 채 벌게진 얼굴로 다가옵니다. 그 와중에도 욕을 주고받습니다. 금방이라도 서로 주먹이 나갈 기세입니다. 시우가 손에 쥐고 있는 것을 보니 먹다 남은 쫀드기였습니다. 시우 혼자 몰래 먹으려던 걸 민준이가 손으로 쳐서 바닥에 떨어뜨리려 했던 것입니다. 자신에게 쫀드기를 안 준다는 이유였습니다. 예전에 시우도 똑같이 한 적이 있다고 말입니다.

요즘 아이들은 욕을 써야 친밀감이 느껴지고 대화가 통한다고 생각하기도 합니다. 하지만 친근한 뉘앙스의 표현이 아닌, 감정이 섞인 욕설이나 비속어 그리고 비아냥거림은 꼭 훈육을 하고 지나가야 합니다. '사춘기 아이들이 그럴 수도 있지' 하는 생각은 금물입니다. 이런 거친 언쟁 이후 신체 폭력이 동반되는 경우가 많습니다.

서울대학교 심리학과 곽금주 교수 팀에서 연구한 사례를 보면 욕을 습관적으로 쓰는 아이들과 평소 욕을 하지 않는 아이들은 행동 양식에서 여러 차이를 보였다고 합니다. 특히 자기제어, 인내심, 계획 및 실행 면에서 의미 있는 편차를 보였는데 욕을 많이 하는 아이가 그렇지 않은 아이보다 인내심과 계획성이 부족하고 자기제어 능력이 떨어졌다고 합니다. 욕을 많이 하다 보니 어휘력이 부족하고 사고력이 저하되며 자아존중감이나 자기통제력, 공감 능력도 낮아지는 것입니다.

실제 학교 현장에서 보면 싸움이 일상입니다. 욕을 입에 달고 사는 아이의 경우 친구들과의 다툼 빈도가 월등히 높습니다. 욕까지는 아니더라도 비속어를 사용하거나 다른 사람을 무시하는 말투를 사용하는 아이들은 말로 다투면서 그 감정이 쌓이고 그러다 폭력적인 상황까지 가거나 서로 왕따를 시키기 위해 무리를 짓기도 합니다. 단순히 '저 애는 욕이 습관이 됐구나' 정도로 생각하면 안 됩니다. 그만큼 교실에서 자기제어를 잘 못하고 있다고 판단해야 합니다.

욕에 노출된 아이는 그 욕을 따라 합니다. 그런데 이때 뇌의 일정 부분이 손상된다는 연구 결과가 있습니다. 미국 하버드대학교 마틴 테이처 Martin Teicher 교수의 연구에 따르면 유년기에 욕을 자주 듣고 성장한 아이의 경우 '뇌량'과 '해마'가 위축돼 있었다고 합니다. 뇌량은 사회성이나 어휘력에 영향을 주는 부분이고 해마는 감정과 기억을 담당하는 부분입니다. 욕에 자주 노출된 아이일수록 어휘력과 기억력이 나빠지고 사회성도 떨어지며 감정적으로 불안이나 우울감이 더 높아질 잠재성을 지니고 있다고 보면 됩니다. 이 아이들이 성장해 사춘기에 돌입하면 건강한 사회성과 대인 관계의 기준을 세우기가 어려워집니다.

욕설보다 위험한 부정적 언어 습관

그런데 욕을 달고 사는 아이보다 더 염려되는 것이 부정적 언어를 습관처럼 사용하는 아이입니다. 욕하는 습관은 감정 조절이 되지 않는 것이 원인인 경우가 많습니다. 그리고 아이도 '욕이 좋지 않다'는 것 정도는 압니다. 실제로 설문 조사를 해보면 친구들끼리는 욕하는 말투로 얘기하지만 어른 앞에서 또는 자신이 어른이 돼서는 욕을 사용하지 않을 것이라고 답변하는 아이들이 상당히 많습니다. 나름 TPO에 맞게 언어 습관을 조절하겠다는 의지를 보이는 것입니다.

하지만 부정적인 표현은 다릅니다. "잘 안 될 것 같아" "어려워서 안 될걸" "해도 별수 없어" 같은 이야기를 자주 하는 아이는 이렇게 말하는 '사고' 자체를 바꾸기가 무척 어렵습니다. 학급에서도 욕설하는 아이들은 지속된 훈육과 관심을 통해 1년 사이 빈도가 제법 줄어들거나 스스로 제어하려는 모습을 보이지만 부정적 사고를 하는 아이들은 학년이 끝날 때까지 변화의 여지를 거의 보여주지 못할 때가 많습니다.

습관적으로 부정적 표현을 사용하는 아이 대부분의 공통 원인은 내면에 자신에 대한 '신뢰감'이 부족한 것입니다. 그런데 이 신뢰감이 부족해진 원인은 아이마다 천차만별입니다. 그래서 아이가 어떤 상황이나 환경에 놓여 있는지 먼저 살펴보고 그에 따른 반응을 해줘야 합니다.

가장 대표적인 예는 영아기에 양육자인 어른과 애착 관계가 형성되지 않은 경우입니다. 이는 오랫동안 지속적인 영향을 줍니다. 유아기나 취학 전 또는 초등 시기 꼭 부모가 아니더라도 주변 어른과 라포가 형성될 정도의 애착 관계를 경험하면 아이가 부정적 언어 습관에서 벗어나는 계기가 될 수 있습니다. 요즘처럼 아이가 빨라진 사춘기에 노출된 채 청소년기를 보내는 상황에서는 타인에 대한 긍정적 애착 경험이 없으면 어른이 돼서도 부정적 사고와 표현에서 자유롭지 못할 가능성이 훨씬 높습니다.

저학년 아이의 경우 엄마나 아빠의 부정적 표현이 아이에게 아주 큰 영향을 줍니다. "너는 몇 번을 말했는데 그것밖에 못하니" 같은 뉘앙스의 말이 대표적입니다. 그래서 1학년 담임교사 중 정말 좋은 선생님은 했던 말을 또 하고 알려준 것을 또 알려주지만 마치 처음 설명해주듯 하는 사람입니다. 이런 담임 반 아이들은 부정적 생각이 싹틀 겨를이 없습니다. 내가 잘못해도 우리 반 선생님은 언제든지 친절하게 알려준다는 것을 직감으로 알기 때문입니다. 선생님이 할 수 있다면 부모도 당연히 할 수 있습니다. 저학년 부모라면 내가 열댓 번은 똑같은 말을 해줬다고 해도 오늘 처음 하는 것처럼 말해주세요.

초등 사춘기에는 타인의 평가 중 또래 친구의 평가가 큰 영향을 줍니다. 특히 고학년 사춘기 아이는 타인의 무게중심이 부모에서 친구로 넘어가 또래 친구의 사고방식과 언행에 영향을 많이 받습니다. 사춘기가 빨리 찾아온 아이는 또래 평가에 자신의 존재감을 통째로 내주기도 합니다. 보통 이상의 긍정 평가를 받는다면 다행이지만 평소 부정적 표현을 자주 쓰면서 스스로를 부정적으로 생각하는 아이는 또래의 비웃는 시선 하나만으로도 자신의 가치를 바닥으로 끌어내립니다. 그런데 아이들의 부정적 사고와 표현에 영향을 주는 또래 친구의 말은 의외로 아주 작고 사소합니다.

"야, 너는 웃으면 눈이 안 보인다! 하하하."

이렇게 툭 던진 말에 눈 크기에 대한 부정적 생각이 각인되는 식입니다. 그래서 잘 웃지 않으려 하거나 누군가를 만나면 꼭 그 사람의 눈 크기부터 확인하기도 합니다. 아이가 친구의 부정적 표현에 속상해할 때는 공감과 함께 객관적 상황을 설명해주는 것이 좋습니다. 한 개인의 의견을 절대적 진리로 받아들이는 것이 왜 비합리적인지 알려주고 타인의 주관적 판단이나 평가 중 내게 도움이 되는 말을 선별하는 능력을 길러줘야 합니다.

· · ·

말은 생각을 바꾸고 생각은 행동을 바꾼다

그런데 부정적 언어를 사용하지 못하게 하면 오히려 나중에 부정적 언어를 더 많이 사용하게 된다는 언어 연구 통계가 있습니다. 부정적 언어 사용을 막기보다 긍정적 언어를 사용할 기회를 놓치지 않는 것이 언어 습관 교정 효과가 훨씬 좋다는 것입니다. 예를 들면 '고마움'을 실제로 표현하게 하는 방법이 있습니다. 친구에게 선물을 받았다든지 부모님이 좋아하는 과자나 아이스크림을 사줬다든지 하는 작은 일이 있을 때 감사한 마음을 꼭 말로 표현하게 하는 것입니다. 긍정적 사고와 언어 표현이 늘면 자연스럽게 부정적 언어 사용을 줄일 수 있는데 이때 작은 종이나 카드에 직접 그림을 그리면서 감사 표현을 글로 쓰게 하면 더 효과가 좋다고 합니다. 감사 카드를 쓰는 동안 긍정적 생각이 지속될 뿐 아니라 실제로 스트레스 호르몬 분비는 감소하고 행복감을 주는 호르몬은 증가해 긍정적 사고를 촉진하는 역할을 해주기 때문입니다.

감사 상황은 구체적으로 적을수록 좋습니다. 학교에서도 어버이날이나 스승의날 감사 편지를 쓰게 하는데 이렇게 세 부분으로 구성해서 쓰도록 지도합니다.

1. 언제, 어디서, 무엇을 받아서 혹은 어떤 일을 해줘서 고마운지 구체적인 사실을 떠올리고 적어보세요.
2. 떠올린 구체적인 상황에 대해 또는 선물에 대해 고마웠다는 또는 좋았다는 감정을 표현하세요.
3. 앞으로 그 선물을 잘 쓰겠다는, 고마웠던 그 일로 인해 앞으로 기쁘게 무엇을 하겠다는 또는 잘 활용하겠다는 약속이나 다짐을 쓰세요.

이런 과정을 거쳐 감사 편지를 쓰면 편지를 완성할 때쯤 고마움과 긍정적 마음이 가득 찹니다.

심리학자이자 작가로 오프라 윈프리 쇼에서 고정 패널로 활동하기도 한 웨인 다이어Wayne Dyer는 그의 저서 《행복한 이기주의자》에서 부정적 표현을 일종의 '꼬리표'라고 언급합니다. "나는 잘 못해"라는 꼬리표를 붙이고 있으면 노력을 회피할 수 있는 탄탄한 이유가 돼준다는 것입니다.

긍정적 언어 습관이 중요한 이유는 긍정적 마음을 갖게 해주기 때문입니다. 긍정적 표현과 언어는 나뿐만 아니라 주변 사람에게도 좋은 영향을 미치고 어려운 상황에 긍정적으로 대처하며 문제를 효과적으로 해결하는 능력을 키워줍니다. 또 "나는 할 수 있어" "나는 잘해낼 거야" 등의 긍정적 언어를 자기 자신에게 사용하면 이것이 자아 이미지를 형성하고 강화합니다. 그러면 자존감이 향상되고 스스로를 더 사랑할 수 있습니다. 아이가 자기 자신을 위해 행복의 언어를 선택할 수 있도록 도와주세요.

자칫 중독으로 번지기 쉬운

사춘기 습관

아이돌 덕질에
진심인 아이들

• • •

그냥 좋으니까 좋아

"선생님, 윤아가 연예인에 빠져도 단단히 빠졌는데 알고 계셨어요? 학원을 옮겨야 해서 사물함 짐을 빼려고 갔는데, 글쎄 사물함에 책은 없고 연예인 관련된 온갖 잡다한 것들만 가득 있더라고요. 집에서는 일절 티를 안 내서 꿈에도 몰랐어요. 정말 어쩌면 좋아요?"

학부모 상담에서 윤아 어머니는 아이가 연예인에 빠져 공부는 뒷전이었단 사실을 알고 충격을 받았다고 했습니다. 착하고 말 잘 듣고 나름 공부도 스스로 잘하던 아이가 어느 순간 방문을 걸어 잠그더니 공부는 안 하고 좋아하는 연예인 검색하는 데 시간을 다 보내고 있었다는 사실을 알게 되면 부모 입장에서는 걱정이 앞설 것입니다.

사춘기가 초등 중학년으로 내려오면서 연예인에 몰입하는 저학년 아이들이 늘고 있습니다. 남학생보다는 여학생 비중이 더 높은 편입니다. '최애'(가장 좋아하는 연예인) 사진을 학교 사물함 안쪽에 붙여놓거나 다이어리에 너무너무 좋다고 적어놓기도 합니다. 공식적인 통계자료는 없지만 교실에서 아이들의 대화를 들어보면 상당수가 연예인 유튜브 채널을 보면서 시간을 보낸다는 것을 알 수 있습니다.

아이마다 몰입도 차이는 있습니다. 커다란 연예인 사진을 침대 머리맡에 붙여놓기도 하고 가방에 연예인 관련 굿즈를 주렁주렁 매달고 다니기도 합니다. 학교에서 최애가 같은 아이들끼리 모이기도 하고 자기가 좋아하는 연예인이 어떤 사건에 휘말리면 눈물을 흘리거나 분노하기도 합니다. 연예인에 빠져 있는 아이들에게 그렇게까지 몰입하는 이유를 물어보면 대답은 늘 똑같습니다.

"좋잖아요."

이 단순한 대답 안에 정확한 이유가 숨어 있습니다. 바로 아이 입장에서 내가 좋아할 수 있는 새로운 '애착 대상'을 찾은 것입니다. 애착 대상은 발달단계별로 다르게 나타납니다. 처음에는 엄마나 아빠처럼 자신을 직접 보살펴주는 보호자로 시작합니다. 그러니 부모가 걱정하는 '우리 아이가 연예인에 빠지는 병'은 부모에게서 시작된 셈입니다. 부모에게 애착하던 마음이 이제 대상을 바꾼 것뿐입니다. 그리고 아마 그 대상은 초등 시기 훨씬 이전부터 바뀌어왔을 것입니다.

사실 아이들은 유아기 때부터 덕질을 해왔습니다. 대표적인 예가 뽀로로입니다. 고학년 교실에서 뽀로로 노래를 들려주면 아이들은 "쌤, 왜 이걸 틀어줘요? 우리가 1학년도 아니고!"라고 하면서도 자기도 모르게 노래를 따라 부릅니다. 한때 펭수 캐릭터도 어린아이들이 무척 좋아했습니다. 다시 말해 아이 내면의 발달 수순에 따라 좋아하는 대상을 바꾸고 있는 것뿐입니다. 단지 부모가 그때는 대수롭지 않게 생각하다가 아이가 학습에 집중해야 할 중학년 이상이 되면 걱정하기 시작하는 것입니다. 어릴 때 뽀로로를 좋아하는 것은 오히려 육아에 도움이 되고 좋았지만 해야 할 일이 늘어난 초등 시기에 연예인을 좋아하는 것은 안 괜찮아 보이기 때문입니다.

아이들 입장에서는 이해가 안 되는 상황입니다. 예전부터 계속 누군가를 좋아했는데 이제 와서 갑자기 좋아하지 말라니 불합리하고 부당한 강요를 한다고 생각합니다. 그나마 본인도 과거에 덕질 경험이 있어 팬심으로 이해하고 넘어가는 부모도 많아졌지만 그래도 학습해야 하는 시간을 놓치는 것을 두고는 자주 다툼이 일어납니다. 용돈 대부분을 연예인 굿즈 사는 데 탕진하는 모습을 보면 걱정은 더 커집니다.

・・・

좋다, 싫다 vs 옳다, 그르다

일단 시각을 바꿔야 합니다. 사춘기 자녀 입장에서 중심은 '좋으냐 싫으냐'에 있습니다. 그런데 부모는 '옳으냐 옳지 않으냐'는 시선으로 생각합니다. 그래서 타협점을 못 찾습니다. 부모 입장에서는 공부해야 할 시간에 연예인 영상을 보고 있으니 옳지 못하다고 생각하고 사춘기 아이 입장에서는 연예인 영상을 보는 것이 뽀로로를 보던 때부터 좋아하던 일상일 뿐인 것입니다. 타협점을 찾으려면 먼저 서로의 시선을 교차시켜야 합니다.

먼저 부모의 시선을 '좋으냐 싫으냐'로 옮겨봐야 합니다. 누군가를 좋아하는 일은 잘못이 아닙니다. 오히려 좋아하는 감정을 느끼고 있는 순간은 행복합니다. 부모라면 사춘기 아이가 느끼는 행복감을 궁금해할 필요가 있습니다. 옳다 그르다는 생각은 잠시 내려놓고 우리 아이가 좋아하는 그 연예인에게 관심을 갖는 모습을 보여주세요. 만약 우리 아이가 성인이 되고 남친이나 여친이 생겨 연애를 하고 결혼까지 생각한다고 하면 당연히 그 상대가 궁금하고 어떤 사람인지 알려 할 것입니다. 마찬가지로 우리 아이가 어떤 연예인에 빠져 있다면 그 연예인에게 관심을 가져보세요. 그것만으로도 아이들은 자신의 감정이 공감받았다고 생각합니다. 이 공감이 먼저입니다. 그러고 나면 타협점이 생기고 아이도 자기감정을 조절하려는 의지를 보입니다.

핵심은 좋아하는 감정이 부모님에게 인정받았다고 아이가 느끼는 것입니다. 사춘기 아이들은 특히 자기감정을 부정당하면 저항부터 하게 돼 있습니다. 부모님이 내가 좋아하는 연예인이 옳지 못하다고 생각하는 한 자녀의 저항은 계속됩니다. 그리고 이는 오히려 아이에게 공부를 하지 않겠다는 아주 강한 의지를 만들어 줍니다. 그것이 내 감정을 인정해주지 않는 부모에게 복수하는 가장 효과적인 방법임을 아이의 무의식은 너무나도 잘 알기 때문입니다. 일단 아이 감정에 공감부터 해줘야 아이의 심리적 방어선을 무사히 지나갈 수 있습니다.

건강한 몰입을 위한 자기조절력

아이의 자기조절력도 중요합니다. 자기조절력은 인내심이나 자제력처럼 유혹이나 충동이 있을 때 내 감정이나 사고, 행동을 통제하고 조절하는 능력을 말합니다. 자기조절력을 발휘하는 데는 상당한 의지가 필요합니다. 아이가 부모에게 저항하는 데 에너지를 소비하면 자기조절력을 발휘할 힘이 없어집니다. 그러면 더욱더 연예인 애착 생활에 몰입하게 됩니다. 이렇게 자기조절력이 상실된 상태에서 연예인에 과몰입하면 실제 내 일상에서 마주해야 하는 진짜 타인과의 관계성이 약해집니다.

아이가 아이브IVE를 좋아한다고 가정해 보겠습니다. 일단 부모도 아이브에 관심을 주세요. 그게 먼저입니다. 그러면 자녀가 부모에게 동질감을 느낍니다. 사람은 누군가와 동질감을 느끼면 그 사람을 실망시키고 싶지 않습니다. 그때부터 아이에게 자기조절력을 발휘하고자 하는 의지가 생기고 부모의 욕구에 부응하려 합니다. 예를 들어 일단 숙제부터 끝내놓고 아이브를 만나러 가자는 생각을 하는 식입니다. 아이보다 아이브를 더 좋아해보는 것도 권합니다. 그러면 오히려 아이가 이렇게 걱정할 것입니다.

"엄마, 아이브가 좋은 심정은 알겠는데 나랑도 놀아줘야지."

학교 체육시간에 윗몸 말아올리기 측정을 할 때 있었던 일입니다. 아이들 얼굴에는 정말 하기 싫다는 표정이 역력했습니다. 운동장에서 마음껏 뛸 수 있을 줄 알았는데 윗몸 말아올리기를 하려니 짜증이 날 만도 합니다. 그런데 체육 선생님이 아주 성공적으로 아이들이 자발적으로 윗몸 말아올리기를 하게 했습니다. 방법은 간단했습니다. 아이브의 〈러브 다이브 LOVE DIVE〉를 틀어주고 사이사이 숫자를 넣은 것입니다. 윗몸 말아올리기 횟수가 많을수록 노래를 더 들을 수 있었죠. 내가 잘 못해도 옆 친구가 잘하면 덕분에 노래를 오래 들을 수 있으니 서로 격려하면서 다들 정말 열심히 했습니다. 우리 아이가 뭔가를 열심히 잘하게 하고 싶다면 일단 아이의 애정에 먼저 공감해줘야 하는 이유입니다. 그 힘든 체력 측정을 자발적으로 더 할 만큼 효과가 좋습니다.

· · ·

몰입 대상이 주변 인물이라면

그나마 아이가 연예인에 몰입하는 것은 어느 정도 안전성이 담보됩니다. 자기조절력만 갖추면 적정 거리를 유지하면서 현실감 있는 생활을 유지할 수 있습니다. 그런데 연예인이 아닌 주변 중학생, 고등학생, 대학생 오빠나 누나에게 빠져들면 안전성이 보장되기 어려운 경우가 많습니다. SNS를 활발히 하면서 누가 내 SNS 계정에 들렀는지 매일 알림을 봅니다. 누군가 내게 위로가 되는 듯한 짧은 한마디를 남기고 가기라도 하면 그 사람의 계정을 탐색하고 대화를 나누고 심지어는 직접 만나기까지 합니다. 그러고 나면 자기감정을 제어하기 어려운 상태가 됩니다.

사이버 괴롭힘이 증가하는 것처럼 디지털 성범죄 유형의 하나인 온라인 그루밍도 심각한 문제가 되고 있습니다. 온라인 그루밍이란 온라인과 사람을 길들이는 행위를 뜻하는 '그루밍'의 합성어로 온라인을 통해 상대 심리를 조종하고 길들여 성적으로 착취하는 성범죄입니다. 특히 온라인 그루밍 성범죄 가해자는 아직 판단 능력이 미성숙한 아이들에게 접근해 감정에 공감해주거나 취미나 자주 가는 곳의 동선을 파악해 친밀한 관계를 형성합니다. 모바일 기프티콘 같은 선물 공세를 하기도 합니다. 그렇게 마치 사귀는 듯한, 만난 적 없는 연인 사이로 발전하고 나면 나를 만나고 싶다면 부모님이나 주변 어른에게 우리 사이를 알리지 말라는 식으로 아이가 도움을 받을 수 없게끔 고립시키기 때문에 문제를 빨리 발견하지 못하는 경우가 많습니다.

우리 아이가 연예인에 빠져든 것인지, SNS 속 누군가에 빠져든 것인지 꼭 구분해서 살펴봐야 합니다. 생각보다 많은 초등 사춘기 아이들이 SNS를 통해 만남을 가지며 신체 일부를 사진 찍어 서로 공유하기도 합니다. 협박을 통해서만 일어나는 일이 아니란 뜻입니다. 상대가 '이런 행위를 해주지 않으면 나를 좋아하지 않는 것'이라는 식으로 말하면 아이들은 그 행동이 문제가 될 수 있다고 생각하기보다는 그 정도는 해야 내 마음이 진짜임을 증명할 수 있다고 생각합니다.

온라인 그루밍 성범죄를 예방하기 위해서는 아이가 개인정보(나이, 주소, 학교, ID, 전화번호 등)를 모르는 사람에게 공개하지 않도록 주의를 주고 수상한 메시지에는 답을 하지 않거나 처음부터 삭제, 차단하게 해야 합니다. 또 모르는 사람이 보낸 인터넷 링크나 파일은 클릭하지 않도록 합니다. 특히 랜덤채팅이나 오픈채팅을 주의해야 합니다. 무엇보다 어떤 경우에도 신체 일부를 사진이나 영상으로 찍지도, 보내지도, 보지도 않게 해야 합니다. 아이가 범죄에 노출되지 않도록 주기적으로 아이 SNS 계정을 꼭 살펴보길 바랍니다.

자극적 콘텐츠에 노출된 아이들

음란물을 보는 초등 아이

"방에서 야동 보다가 엄마한테 걸렸어요."

한번은 상담 중 주원이가 이렇게 말했습니다.

"야동? 어떻게 보게 된 거니?"
"아니 저는 진짜 안 보려고 했는데요, 준영이가 계속 보라고, 저 빼고 다 봤다고 보내줘서…."

주원이는 엄마에게도 똑같이 말했고 이 사실을 안 주원이 어머니는 준영이 어머니에게 전화를 걸어 아이 단속을 잘해달라고 당부했습니다. 그런데 나중에 사실관계를 확인해보니 준영이가 그날 영상을 보낸 것은 맞지만 맨 처음 음란물을 공유한 것은 주원이였고 이후 학급 많은 아이가 지속적으로 돌려 보게 된 상황이었습니다. 이 정도면 음란물 문제로 누구 잘못이 더하고 덜한지 따지는 의미가 없습니다.

여성가족부 '청소년 매체이용 및 유해환경 실태조사'에 따르면 2014~20년까지 성인용 영상을 봤다는 청소년 비율이 급속히 증가하고 있습니다. 초등 5~6학년 통계만 보면 14년 7.5%, 18년 19.6%, 20년 33.8%로 늘어났습니다. 사실 학급 현장에서 봤을 때는 이 33.8%도 거의 최소한의 수치라고 생각합니다. 일단 아이에게 스마트폰이 있고 방에서 혼자 스마트폰으로 SNS나 기타 플랫폼에서 동영상을 시청하고 있다면 대부분 음란물에 노출됐다고 생각해도 무방합니다. 아이들과 상담하다 보면 생각보다 어렵지 않게 알게 됩니다. 어른들이 생각하는 것보다 많은 아이들이 음란물을 보고 있습니다.

그나마 스마트폰 유해 사이트 차단 프로그램이 깔려 있는 경우는 그렇지 않은 경우보다 노출 기회가 적지만 이것도 한계가 있습니다. 한 아이가 음란물을 캡처해 몇몇 친구에게 직접 보여주거나 전송해주면 막을 방법이 없습니다. 유해 차단 프로그램은 사이트 접속을 차단해줄 뿐 영상 전송을 차단하는 것이 아니기 때문입니다. 또 일반 포털사이트에서 몇 개의 특정 단어만 검색해도 아이들의 호기심을 자극할 사진, 영상을 쉽게 볼 수 있습니다. 실제로 여성가족부 조사에 따르면 청소년이 성인용 영상물을 접하는 경로 1위가 인터넷 포털사이트였습니다.

사춘기 아이들이 부모가 사용하던 태블릿이나 스마트폰 기기를 받아서 쓰는 경우 보통 부모 아이디로 앱에 로그인돼 있어 아이도 쉽게 성인 콘텐츠에 접근할 수 있습니다. 또 부모의 주민번호나 전화번호를 외우고 있어 쉽게 인증받는 경우도 많습니다. 스마트 기기가 아니더라도 집 텔레비전에도 성인 채널이 있습니다. 비밀번호가 설정돼 있지만 자녀들이 비번을 알고 있는 경우가 많습니다. 부모만 그 사실을 모를 뿐입니다.

・・・

호기심과 모방심리가 왕성한 아이들

사춘기 아이들은 모방심리와 호기심이 매우 높습니다. 음란물에 노출되면 아이들 간 유사 성행위를 할 확률도 매우 높아집니다. 정확히 어떤 의미의 행위인지 모른 채 일종의 놀이처럼 생각하는 것입니다. 실제로 아이들이 교실에서 뒤엉켜 노는데 마치 성행위를 모방한 듯한 행동을 하고 있는 모습을 보고 충격을 받은 적이 있다는 담임교사도 있습니다.

초등 시기는 아직 건강한 성 인식이 확립되기 전입니다. 올바른 성 행동은 올바른 성 인식에서 나오는데 이 시기 음란물에 노출되는 횟수와 시간이 많아지면 성에 대한 왜곡된 인식을 갖게 될 수 있습니다. 아직 옳고 그름을 판단하기 어렵고 성 가치관이 형성되지 않은 아이들은 음란물 내용이 현실인지 아닌지 알지 못합니다. 따라서 아무런 거리낌이나 죄책감 없이 성 문제를 일으키기 쉽습니다. 또 자칫하면 음란물 중독으로 이어질 수도 있습니다.

사실 어른보다 초등학생이 음란물 중독에 빠지기 쉽습니다. 어른 입장에서는 지나칠 수 있는 내용도 성 지식 없이 호기심만 강한 아이들에게는 아주 강한 자극으로 다가올 수 있기 때문입니다. 실제로 학부모나 아이를 상담하다 보면 아이의 음란물 중독이 의심될 때가 있습니다. 두드러지게 나타나는 증상은 학교에서 무척 피곤해한다는 것입니다. 집에서 거의 매일 밤늦게까지 음란물을 반복적으로 시청하기 때문입니다. 음란 사이트에서 새로운 영상을 내려받기 위해 부모님의 개인정보로 성인 인증을 받는 데 몰두하거나 지나치게 자위 행위에 탐닉하고 다른 것에는 흥미와 관심이 없어집니다.

그런데 많은 부모가 자녀들이 피곤해하는 이유를 밤늦도록 스마트폰 게임을 한 탓인 줄로 알고 있습니다. 아이들이 동영상을 본다고 하면 의심받을 것 같고 혼날 것 같아 대충 게임을 한다고 둘러대기 때문입니다. 이렇게 음란물 중독 수준이 되면 아이 본인 의지로 그만두기 어렵습니다.

• • •

음란물 중독에서 벗어나는 법

우리 아이가 음란물을 봤다는 사실을 안 부모 대부분이 얼굴이 하얗게 질려 어찌할 바를 모른 채 조용히 외면하고 지나갑니다. 하지만 아이가 아직 음란물에 깊이 빠져들지 않은 단계라면 음란물을 보지 않도록 조금 단호히 훈육하는 것이 좋습니다. 자칫 제대로 제한을 하지 않고 음란물을 봐도 괜찮은 것처럼 애매한 상황을 만들어주면 아이들은 쉽게 반복합니다. 안 된다는 이유도 명확히 그리고 직접적으로 알려줘야 합니다. 음란물을 보는 행위는 도박, 음주, 마약처럼 중독성이 강하며 어린이가 해서는 안 되는 행동임을 말해주세요. 이때 보호자가 보이지 말아야 할 가장 안 좋은 태도가 "남자애는 그런 것도 보면서 크는 거야. 우리 아들 다 컸네"라는 식으로 대충 말해주고 지나가는 것입니다. 음란물의 내용은 현실이 아니며 인간의 말초신경을 자극하기 위해 의도된 성적 착취 행위임을 분명히 알게 해야 합니다.

아이가 이미 음란물을 자주 보는 상태라면 단순히 음란물에 '노출'됐다는 점에만 집중하면 안 됩니다. 음란물에 중독되는 이유는 여러 가지가 있습니다. 아이가 평소 우울해하진 않는지, 친구 사이는 어떤지, 학습 스트레스가 심하지 않은지도 살펴봐야 합니다. 가장 기본적으로는 부모와의 소통이나 관계가 원만한지도 되짚어봐야 합니다.

캐나다 라발대학교 레이첼 바르Rachel Barr 신경과학 박사는 음란물 시청과 전두엽 관계를 연구한 결과 음란물을 정기적으로 시청한 사람의 전전두엽 피질이 손상된 것을 관찰했다고 밝혔습니다. 전전두엽 피질은 뇌에서 주로 감정과 인격을 담당하는 부위로 이 부분이 손상되면 충동을 조절하지 못하거나 의지력이 약해지며 심한 경우 우울증으로 이어질 수도 있습니다.

아이가 우울 수준이 높고 일상생활에 의욕이 없는 정도라면 상담 기관을 찾아가는 것이 좋습니다. 숨기고 감추고 집에서 어떻게 해결하려 하거나 통제하려 하면 치료 시기를 놓칠 수 있습니다. 어디서 어떻게 도움을 받아야 할지 모르겠다면 일단 각 지역 교육청과 연계된 Wee센터에 도움을 구하면 됩니다. 가장 좋은 예방책은 성교육 이전에 자녀와 소통이 잘되는 환경을 만드는데 최선을 다하는 것입니다. 자녀와 일상적인 대화도 잘 안 되면 성에 관한 이야기를 나누는 건 거의 불가능합니다. 아이가 느끼는 평소 감정, 어려움에 대한 소통부터 시작해야 합니다.

무엇보다 사춘기 이전에 음란물 영상에 노출되지 않게 하는 것이 중요합니다. 더불어 남녀 간 성생활이 '음란'한 것이 아닌 서로에 대한 깊은 존중과 사랑에서 비롯되는 행위임을 알려주는 성평등 교육이 더 먼저 이뤄져야 합니다. 성교육을 몇 번 했다는 서류상 기록 남기기 정도로 생각하면 안 됩니다. 가정에서도 엄마나 아빠가 성에 관한 이야기를 몇 번 했다고 나머지는 어떻게 알아서 되겠지 생각하면 절대 안 됩니다. '남자라서' '여자라서' 하는 성 고정관념에 머물러 있지 않도록 유의하면서 가정에서 성을 자유롭게 논의하는 분위기를 만들어 나가길 바랍니다.

무시할 수 없는 사춘기 섭식장애

뼈만 남았으면 좋겠어

"오늘 머리 예쁘게 묶었다."
"틴트 색 참 잘 고른 것 같아."

교실 한쪽 벽면에 놓인 전신 거울 앞에 6학년 여학생들이 모여 있습니다. 사춘기 여학생들의 외모에 대한 관심을 잘 보여주는 대화가 오갑니다. 그런데 한번은 염려스러운 말을 들었습니다.

"아! 내 종아리 너무 두꺼워. 뼈만 남았음 좋겠다."

더 놀라운 것은 그 말을 들은 친구의 반응이었습니다.

"나도 똑같은 생각 했는데. 그냥 종아리에서 근육만 싹 잘라버리면 좋겠어."

사춘기 초등학생, 특히 여학생 중 '다이어트'를 언급하는 아이들이 종종 있습니다. 그런데 위 대화 같은 과도한 표현을 한다면 단순히 외모에 관심이 많은 것을 넘어 자칫 예민한 사춘기에 섭식장애의 출발점이 될 수도 있습니다.

처음에는 저도 인식하지 못했습니다. 아마 대부분의 부모도 저와 똑같았을 것입니다. 예를 들면 학교 점심시간에 밥을 아주 적게 먹는 아이들이 10년 전에 비해 확연히 눈에 띕니다. 남학생의 경우 빨리 운동장에 나가서 놀고 싶은 마음에서 그럽니다. 그 아이들은 눈빛만 봐도 금방 알아챌 수 있습니다. 그런데 여학생 중에는 배가 아프다면서 점심을 안 먹는 아이들이 있습니다. 담임 입장에서는 아이가 속이 아프다는데 억지로 먹일 수 없으니 당연히 밥을 먹지 않거나 아니면 아주 조금만 먹는 것을 용인해 줍니다. 문제는 이런 일이 반복된다는 것입니다.

채워지지 않는 심리적 허기와 위험성

2022년 전국 6~17세 6,275명을 대상으로 한 보건복지부 '소아청소년 정신건강 실태조사'에 따르면 소아청소년의 정신장애 현재 유병률(조사 시점)은 소아 4.7%, 청소년 9.5%이며, 평생 유병률(과거에서 현재까지 시점)은 소아 14.3%, 청소년 18%나 됐습니다. 현재 유병률을 유형별로 자세히 살펴보면 적대적 반항장애(2.7%), 틱장애(2.4%), 섭식장애(1.1%) 순이었습니다(평생 유병률: 특정 공포증(5.8%), 적대적 반항장애(4.1%), 분리 불안장애(3.8%), 틱장애(2.4%), 섭식장애(1.7%)). 이렇듯 다른 심리·정서적 문제가 워낙 두드러지다 보니 섭식장애는 묻히고 있었던 것입니다. 실제로 교육 현장에서는 반항장애, ADHD, 불안, 왕따, 학교 폭력 같은 급한 불 끄기에도 바쁩니다. 그러니 섭식장애로 혼자 끙끙 앓고 있는 아이에게 관심을 가질 여력이 없는 것입니다.

2023년 인제대학교 서울백병원 김율리 신경정신과 교수는 〈한겨레〉와의 인터뷰에서 10대에게 섭식장애가 증가하고 있다고 언급했습니다. 김 교수는 아이가 자존감이 낮거나 불안도가 높을 때 섭식장애가 나타나며 전학 후 적응이 힘들거나 왕따를 당하는 환경 등에서 무리한 체중감량을 시도하려 한다고 말했습니다. 문제는 거식증의 경우 정신질환 중 치사율이 가장 높고 섭식장애로 인해 뇌 발달에 지장이 생길 수 있다는 것입니다. 이는 감정 조절을 어렵게 하고 학습 저하뿐 아니라 우울이나 강박 같은 정신질환을 동반한다고 합니다. 증상이 심해질수록 아이는 사회적으로 고립됩니다. 이렇게 심각한 질환인데도 우리나라에는 아직 섭식장애에 관한 정확한 통계도 없고 그나마 드러난 경우는 빙산의 일각이라 할 수도 없을 만큼 적다는 것이 요지였습니다.

우리는 일반적으로 섭식장애가 몸매가 중요한 모델이나 아이돌 같은 직업을 꿈꾸는 젊은이에게만 나타나는 증상이라고 생각합니다. 하지만 이는 잘못된 생각으로 전문가에 따르면 거식이나 폭식 등의 섭식장애에는 복합적이고 종합적인 원인이 있으며 심리, 대인 관계, 사회문화, 유전적 부분까지 고려해야 한다고 합니다. 대부분 청소년이나 그 이상의 나이에 증상이 드러나지만 그 요인은 훨씬 이전에 시작됐다는 것입니다.

제가 교실에서 관찰한 모습도 비슷합니다. 예를 들어 아이가 그날 오후 학원에서 영어나 수학 레벨 테스트를 본다거나 며칠 전 베프와 싸웠다거나 하는 일과 점심을 먹지 않는 날이 공교롭게도 겹칠 때가 많았습니다. 물론 몇 개월에 한 번, 가끔 입맛이 없거나 스트레스로 폭식한다고 해서 섭식장애까지 염려하는 건

지나치다고 할 수 있습니다. 그런데 아이들의 성적 스트레스나 친구 관계 문제는 그 여파가 최소 2주, 길게는 한 학기 3달 내내 지속됩니다. 다음 레벨 테스트를 잘 볼 때까지 혹은 다른 친구를 다시 사귈 때까지 한 학기 동안 아이는 담임 눈을 피해 점심시간마다 먹는 척만 하면서 잔반을 버립니다.

초등 사춘기 학생은 성장기이기 때문에 몸무게가 계속 늘어나는 것이 자연스럽습니다. 그런데 아이 몸무게가 심하게 줄었거나 이런저런 이유를 대면서 가족과 함께 식사하길 피하거나 갑자기 폭식을 이어가면 세심하게 지켜봐야 합니다.

• • •

우리가 함께 밥을 먹어야 하는 이유

그래서 특히 가족이 함께 식사하는 시간을 가져야 합니다. 혼자 밥을 먹다 보면 먹는 데만 집중하게 됩니다. 하지만 가족과 함께 밥을 먹으면 대화를 하게 되고 그러면서 자신의 감정도 전달할 수 있습니다. 아이들이 혼자 밥 먹는 시간이 늘어날수록 감정을 먹는 것에 쏟아낼 가능성이 높아집니다. 혼자 밥 먹는 시간이 많은 아이일수록 면역력이 낮다는 연구 보고도 있습니다.

부모도 자신의 감정 상태나 스트레스를 먹는 것으로 푸는 행동을 하지 않아야 합니다. 먹는 행위가 스트레스 해소 역할을 해주는 것은 사실입니다. 그런데 직접적인 감정 해소를 위해서는 그 감정에 역동을 일으키는 원인을 직시해야 합니다. 그래야 근본적으로 치유됩니다. 부모가 맵고 짠 음식을 주문해 먹으면서 감정을 해소하는 모습을 지켜본 아이들은 자신의 감정 해소도 그렇게 해야 한다고 인식하기 쉽습니다. 그리고 나중에 불안하거나 화가 나는 일이 있을 때 먹는 것으로 회피할 가능성이 높아집니다.

아이들을 자주 포옹해주는 것도 섭식장애 증상을 예방하는 데 도움이 됩니다. 섭식장애 연구진이 한 실험에서 섭식장애 환자에게 옥시토신을 투여했더니 증상이 어느 정도 완화되는 의미 있는 결과가 나타났다고 합니다. 옥시토신은 '사랑의 호르몬'이라고 불리는 호르몬으로 키스나 포옹을 하면 분비된다고 알려져 있습니다. 아이를 자주 안아주면서 아이가 부모에게 관심과 사랑의 대상임을 자주 느끼게 해주는 것이 섭식장애를 예방하는 좋은 방법이 될 수 있습니다.

김 교수는 한 인터뷰에서 어떤 사람에게는 음식이나 식사가 배고픔이나 식욕이 아닌 다른 의미를 가진다고 표현했습니다. 먹거나 먹지 않는 행동이 자신이 벗어나고 싶은 생각이나 감정을 조절하기 위한 수단이 된다고 말입니다. 우리 아이가 먹는 모습이 평소와 다르다면 그리고 그런 패턴이 반복적으로 나타난다면 다른 관점으로도 한번 살펴보길 바랍니다. 아이 내면에 어떤 감정 조절 욕구가 작용하고 있는지 중점적으로 봐야 합니다. 그리고 감정을 음식을 통해서가 아니라 올바르게 풀어내는 방향을 알려줘야 합니다.

사춘기 몸과 마음을
지키는 법

스트레스 관리는
원인보다 반응에 집중하라

어쩌면 사춘기 번아웃 증후군

사춘기가 중학년 이하로 빨라지면서 아이들의 스트레스 저항력이 낮아지고 있습니다. 아주 작은 스트레스도 큰 압박감으로 느끼면서 충동적으로 대응합니다. 대표적인 충동 반응은 욕설, 짜증, 폭력, 중독, 침묵, 자해, 폭식, 저항, 고립 등입니다. 요즘 아이들은 저학년부터 해야 할 일이 너무 많은 것도 사실이지만 단순히 해야 할 일이 늘었다는 이유로 충동적 모습을 보인다고 하기는 어렵습니다. 심리·정서적으로 준비가 되지 않은 상태에서 스트레스를 어떻게 관리해야 할지 모르기 때문이라고 보는 편이 자연스럽습니다. 실제로 5~6년 전 어느 TV 프로그램에서 서울 한 초등학교 고학년 학생의 스트레스 강도를 조사한 적이 있습니다. 학급 23명 중 3명 정도가 번아웃 증후군에 가까운 스트레스 수치를 보였고 14명 정도는 직장 경력 16년 차의 성인이 느끼는 스트레스를 받고 있는 것으로 나타났습니다. 아마 지금은 그 숫자가 더 늘었을 것입니다.

스트레스 원인은 다양합니다. 가장 비중이 높은 것은 학업과 성적이고 그 밖에도 친구 관계나 외모 스트레스, 가족 불화 등이 있습니다. 제가 개인적으로 아이들과 상담하면서 알게 된, 아이들이 스트레스를 품고 가는 가장 큰 이유는 스트레스를 속 시원하게 말할 수 없는 환경이었습니다. 엄마나 아빠, 할머니에게 말해도 돌아올 대답이 예상 가능하다는 것입니다. 그래서 아예 말을 하지 않고 쌓아두고만 있다가 심리·정서적으로 악화되는 패턴을 보였습니다.

학교에서는 사춘기 고학년 스트레스가 심한 아이들이 신체적으로 반응하는 모습을 보이기도 합니다. 두통을 자주 호소하고 배가 아프다고 하기도 하며 손톱을 물어뜯기도 합니다. 부모와의 언쟁도 늘어나는데 특히 고학년 중에는 엄마와 말다툼을 심하게 하는 아이가 있습니다. 갑자기 폭식을 하기도 하고 유독 단것에만 몰두하기도 합니다. 우울해하거나 물건을 부수고자 하는 폭력적인 모습을 보일 때도 있습니다. 도저히 견딜 수 없는 스트레스 상황에서는 자해까지 하는 경우도 있습니다.

아이 스스로 스트레스 해소하는 법

경기도 교육연구원에서 최근 5~6학년 초등학생 1,000명을 대상으로 온라인 게임 관련 조사를 한 결과 매일 집에서 게임을 한다고 응답한 아이들이 42.7%에 달했습니다. 초등학생 절반 가까이가 매일 게임을 하면서 스트레스를 풀고 있다는 것입니다. 매일은 아니어도 일주일에 4일 이상 게임을 하는 아이까지 더하면 60%가 넘고 2일 이상 게임을 하는 아이까지 포함하면 80% 정도 됩니다. 중·고등학생 중 매일 게임을 한다고 응답한 아이는 28.7%였으니 초등학생이 게임을 통해 스트레스를 푸는 비중이 중·고등학생보다 훨씬 높은 상황입니다.

제가 학급 아이들에게 직접 물어본 결과 운동을 하면서 스트레스를 푼다고 답한 아이가 있긴 했지만 24명 중 3명 정도로 많지는 않았습니다. 컴퓨터 키보드에 아무 말이나 막 치면서 푼다는 답도 있었고 여학생들의 경우 코인노래방을 이용한다고 답하기도 했습니다. 친구들과 만나서 수다를 떨면서 푸는데 그럴 수 없는 상황일 때는 카톡 대화방에서 푼다고 했습니다. 이불을 뒤집어쓰고 소리를 지른다는 아이도 있었고 베개나 책상을 주먹으로 친다거나 종이에 낙서하면서 푼다고 하는 아이도 있었습니다. 정리하자면 아이들의 스트레스 해소법은 각자 환경에서 할 수 있는 일을 스스로 찾아 하는 수준에 머물러 있었습니다.

그런데 규칙적으로 충분한 수면만 취해도 스트레스 해소에 큰 도움이 됩니다. 정해진 시간에 자고 일어나는 습관을 들이면 생체리듬을 일정하게 유지할 수 있습니다. 이는 자율신경 시스템을 안정시키고 스트레스를 줄이는 데 매우 효과적입니다. 반대로 수면 부족은 스트레스 호르몬을 증가시키고 신체 면역력을 약화합니다.

코로나19 기간 온라인 수업을 하면서 학급 아이들에게 등교 수업을 할 때와 비교해 가장 좋은 점이 뭔지 물어봤습니다. 절반 넘는 아이가 '늦잠 잘 수 있어서 좋다'고 답했습니다. 충분한 수면은 스트레스를 낮춰줄 뿐 아니라 스트레스 저항력을 높여주기도 합니다. 아이가 잠자는 동안 깊은 잠에 빠져들 수 있는 안정된 분위기를 만들어주는 것이 특히 중요합니다. 저녁 시간 엄마 아빠가 싸우는 소리가 들리면 아이는 불안 속에서 잠을 자게 되고 수면을 방해받습니다. 부모의 언쟁이 아이에게는 자신의 생존이 위협받는다고 느낄 만큼 큰 스트레스를 준다는 점을 유의해야 합니다.

부모와 함께 스트레스 관리하는 법

아이의 스트레스를 관리하려면 외적으로는 스트레스 강도를 조절해줘야 하고 내적으로는 아이의 스트레스 저항력을 높여줘야 합니다. 이 두 과정이 가정에서 원활하게 이뤄지려면 먼저 부모의 스트레스 강도를 조절해야 합니다.

사실 아이의 스트레스가 높은 근본적인 이유는 부모의 스트레스 강도가 높기 때문입니다. 부모 역시 직장이나 가정에서의 어려움으로 스트레스를 받을 텐데 부모의 우울, 분노, 감정 기복 등은 아이에게 직접적인 영향을 줍니다. 일단 부모부터 쉼을 확보해야 합니다. 한 달에 단 하루라도 온전히 혼자서 자신을 돌아보거나 쉬는 시간을 가지면 스트레스 해소에 큰 도움이 됩니다. 쉬는 날이 있다는 희망이 곧 스트레스 저항력이 됩니다.

마찬가지로 학습에 대해 막연한 두려움과 억압을 느끼는 사춘기 아이에게는 확실하게 '숙제 없는 날'을 정해주는 것이 좋습니다. 1주일에 하루 또는 2주일에 하루 정도는 일기, 독서, 학원 숙제, 악기 연습, 운동 등 모든 해야 할 일을 멈추게 해주는 것입니다. 그날 뭘 할지는 아이가 정하게 합니다. 단, 게임을 몇 시간씩 하는 것은 안 됩니다. 아이에게 미리 물어보고 숙제 없는 날 필요한 것을 미리 준비해두는 것도 좋습니다. 만화책, 블록, 종이접기 재료, 색칠 도구 등 아이가 하고 싶은 것에 푹 빠져 있게 합니다. 아무것도 안 하고 빈둥거려도 됩니다. 그것만으로도 스트레스 수치가 상당히 낮아집니다.

개인적으로 학급 학생들의 스트레스 강도가 높아졌다고 판단될 때 사용하는 방법이 있습니다. 만다라 색칠하기입니다. 미술 심리 치료에서도 사용하는 방법으로 다양한 패턴의 만다라 그림 도안을 색연필이나 사인펜으로 색칠하는 활동입니다. 보통 패턴 하나를 색칠하는 데 20~30분 정도 걸립니다. 색칠하는 동안 아이들은 멍 때리는 것과 똑같은 효과를 얻습니다. 패턴에 색을 채워 넣으면서 생각을 멈추고 자신을 치유합니다. 외향적인 아이들도 아주 좋아합니다. 포털사이트 검색창에 '만다라 도안'이라고 검색하면 집에서도 쉽게 출력해 사용할 수 있습니다.

이미 스트레스가 많이 쌓여 심리·정서적으로 어려움을 호소하는 사춘기 자녀가 있다면 상담센터를 찾아가는 것도 좋습니다. 부모 선에서 해결하려 하지 말고 Wee센터를 적극적으로 이용해보세요. 앞서 말했듯 Wee센터는 전국 지역 교육청에서 운영하고 있으며 무료로 아이 심리 상담을 비롯해 각종 심리검사를 받을 수 있습니다. 서울의 경우 거의 모든 지역구마다 있기 때문에 방문하기에 그리 멀지 않을 것입니다. 예를 들어 동작구에 산다면 네이버나 다음 지도에서 '서울 동작구 Wee센터'라고 검색합니다. 그러면 동작구 주변 Wee센터 정보가 뜹니다. 전화번호도 나오니 유선으로 아이 스트레스 관련 상담을 받고 싶다고 하면 일정을 잡아줍니다. 상황에 따라 집에 방문해 상담을 해주기도 합니다. 학교에서 매년 Wee센터 관련 안내문을 배부하고 홍보하지만 실제로 상담실을 찾는 경우는 매우 적습니다. 일단 상담실에 가면 상담사가 아이 말을 적극적으로 경청해주기 때문에 그것만으로도 아이에게 큰 위안을 줍니다. 마치 공공 도서관에 가듯이 공공 상담을 받을 수 있는 기회라고 생각하면 좋겠습니다.

사춘기를 맞이하기 전 또는 사춘기를 겪는 아이의 스트레스를 완전히 없애주려는 시도는 불가능하고 도움도 되지 않습니다. 적정한 스트레스는 뇌의 신경세포를 발달시키는 자극제가 될 수 있습니다. 또 사람을 긴장시키고 집중력을 높이는 긍정적인 효과를 가져올 수도 있습니다. 따라서 스트레스를 없애는 것이 아니라 스트레스와 압박을 어떻게 견뎌내는지에 초점을 맞춰야 합니다. 스트레스 반응이 충동적으로 나타나기 전에 잘 관찰하고 스트레스가 될 만한 일을 많은 의지력을 사용하지 않고도 해내는 습관을 정착시키려는 노력이 필요합니다.

모든 심리 문제 증상의 출발점은 스트레스입니다. 적정 수준을 넘어선 스트레스가 지속되고 그 끝이 보이지 않는다는 생각이 들면 신체적으로든 정서적으로든 아이에게 좋지 않은 영향을 미칩니다. 특히 스트레스에 어떻게 대응해야 할지 모르는 사춘기 아이에게는 생각보다 심각한 결과를 초래하기도 합니다. 아이가 '힘들다'는 사인을 보낼 때 꼭 알아차리고 그 힘겨움을 인정해주는 것부터 시작하세요. 부모의 인정과 관심이 곧 사춘기 자녀의 스트레스 저항력이 됩니다.

학교를 집어삼킨 조용한 우울감

• • •

우울한 아이들이 늘었다

"선생님, 사실 다혜가 요즘 학교에 가고 싶어 하지 않아요. 지난번에 감기 때문에 결석한 것도 아침에 갑자기 학교 가고 싶지 않다고 해서 어쩔 수 없이 아파서 못 간다고 문자드린 거였어요. 달래기도 해보고 화도 내봤는데 소용이 없네요. 요즘에는 아침마다 그것 때문에 전쟁입니다."

다혜 어머니와 전화 상담을 하면서 깜짝 놀랐습니다. 학교에서는 전혀 그런 기미가 보이지 않았기 때문입니다. 아주 친하다고 할 만한 단짝 친구는 없었지만 그렇다고 소외감을 느끼거나 문제가 될 것 같은 모습은 없었습니다. 친구들과 즐겁게 어울렸고 수업 시간에도 잘 따라오는 학생이었습니다.

"혹시 학교 가기 싫은 이유를 뭐라고 하던가요?"
"애들이랑 억지로 친한 척하고 앉아 있으려니 그게 너무 힘들다고 해요."

어머님과 상담 후 다혜와도 따로 상담을 했습니다. 다혜 마음속에는 보이는 것보다 더 큰 힘겨움이 있었습니다.

"저도 왜 그런지 잘 모르겠어요. 학교 오면 즐겁기도 한데 그렇다고 진짜 즐겁지도 않은 것 같아요. 친구들이랑 놀고 말은 하는데 그냥 제가 없어도 될 것 같아요. 이런 느낌이 너무 힘들어요."

드러나진 않지만 이렇게 조용한 우울감이 서서히 누적되는 초등 사춘기 아이들이 점점 늘어나고 있습니다.

국회 보건복지위원회가 교육부에서 받은 자료에 의하면 최근 5년간(2018~22년) 자살한 초·중·고 학생이 822명이라고 합니다. 특히 코로나19 이후 등교가 시작된 2021~22년에 그 수가 급증했습니다. 2020년까지만 해도 1년에 약 140명대를 보였던 수치는 2021년, 2022년 모두 190명을 넘겼습니다. 코로나19로 등교하지 않은 기간에 자살한 학생은 적었고 등교 이후 그 수가 급증했으니 코로나19가 오히려 아이들의 자살 예방에 도움을 준 아이러니한 상황입니다. 스스로 극단적 선택을 하는 학생이 최근 2년간 매년 200명 가까이 되는 현실은 깊은 우려를 표할 만합니다.

극단적 선택까지는 아니어도 깊은 우울을 겪고 있는 학생 역시 훨씬 더 많이 증가했습니다. 실제로 국민건강보험공단 자료에 따르면 2022년 기준 초·중·고 학생 약 3만 7,000여 명이 우울증 진료를 받았는데 이는 2018년에 비해 60%가 증가한 수치입니다. 놀라운 사실은 이 중 초등학생이 2018년에 비해 91%가 넘는 비율로 증가했다는 것입니다. 5년 사이 91% 이상 우울한 초등생이 많아졌다는 것은 결코 간과해서는 안 될 상황입니다. 초등 시기에 이 정도라면 이 아이들이 중·고등학교에 올라가 한국 입시 교육 현실을 정면으로 마주했을 때 더 힘들어질 가능성이 농후합니다.

사춘기 정서 안정에 도움이 되는 방법

　사춘기 아이의 정서 안정을 위해 가장 단순하게 실천할 수 있는 방법은 운동 기회를 주는 것입니다. 초등학교 고학년의 경우 주당 3교시 정도의 체육 시간이 있습니다. 아이들이 무척이나 기다리는 시간입니다. 신발을 갈아 신자마자 운동장을 향해 뜁니다. 운동을 싫어하는 아이도 학급에 한두 명 정도는 있지만 일단 넓은 공간에 나가기만 해도 답답함이 해소됩니다. 운동이 심리 안정에 도움이 된다는 연구 결과는 차고 넘칩니다.

　실제로 교실 현장에서 볼 수 있는 특이한 풍경이 있습니다. 고학년 아이들은 수업 중 종종 배가 아프다거나 머리가 아프다면서 보건실에 다녀옵니다. 그런데 체육 시간에는 활동하다가 다쳐서 보건실에 가는 아이는 있어도 갑자기 두통이나 복통을 호소하며 보건실에 가는 아이는 매우 드뭅니다. 그 순간만에라도 심리·정서적으로 안정감을 느끼는 것입니다. 아이가 감정 기복이 심하다거나 불안정하다고 느껴지면 일단 밖으로 데리고 나가서 농구든 축구든 줄넘기든 배드민턴이든 하루 30분 이상 할 수 있게 하는 것이 좋습니다.

사춘기를 맞기 전 아이의 스트레스 저항력을 높여주는 것도 정서 안정에 도움이 됩니다. 스트레스 저항력은 약간 불편한 상황에 노출됐을 때 생깁니다. 아이가 뭔가를 원할 때 즉각적으로 해결해주지 말고 약간의 지연 시간을 두고 해주면 기다리는 시간 동안 아이의 스트레스 저항력이 높아집니다. 오히려 문제를 바로바로 해결해 줄수록 작은 스트레스 상황에서도 쉽게 짜증을 내며 불안해합니다. 스트레스 저항력을 높여주는 습관이 정서적 불안으로 가는 길을 막는 좋은 방편이 될 수 있습니다.

또 다른 방법은 아이가 안정감을 느낄 수 있는 공간을 제공해주는 것입니다. 아이들은 창고 같은 공간에서 심리적 안정감을 얻습니다. 방 안에 작은 인디언 텐트 같은 걸 만들어주면 좋아하면서 그 속에 비집고 들어갑니다. 실제로 사춘기 아이들이 가득한 우리 반 교실에는 책상을 한쪽으로 약간 좁게 밀착해 배치해서 여유 공간을 만든 다음 창가 쪽에 5인용 텐트를 설치합니다. 점심시간이면 아이들이 이 텐트에 들어가 책도 읽고 보드게임도 하며 행복해합니다.

집에서도 마찬가지입니다. 아이 방 침대에 예쁜 캐노피 같은 것으로 공간을 만들어주면 좋습니다. 아이만을 위한 작고 폭신한 소파를 놓아주는 것도 좋습니다. 그 공간에 푹 파묻혀 있는 것만으로도 안정감을 느낍니다. 아지트 같은 나만의 공간이 심리에도 긍정적 영향을 주는 것입니다. 어떻게 아이가 좋아할 만한 공간을 만들어줄 수 있을지 고민해 보세요.

이 밖에도 효과가 좋은 방법이 봉사활동입니다. 특히 아이가 어려운 이들에게 도움이 되는 과정을 직접적으로 체감할 수 있는 활동이면 좋습니다. 예를 들어 고아원이나 보육원에 있는 미취학 어린이들과 시간을 보내며 놀아주는 봉사활동이 있습니다. 상대가 표하는 감사함이 아이 정서에 긍정적 영향을 줍니다. 제가 스카우트 담당 교사였을 때는 아이들을 데리고 독거노인을 위한 봉사활동을 몇 년간 진행했습니다. 독거노인 집에 방문해 어르신들의 말벗을 해드리는 것뿐이었지만 아이들에게는 소중한 시간이 됐습니다. 그분들은 아이들에게 진심으로 고마워하셨고 그 감사함의 표현에 아이들이 오히려 더 큰 위안을 받았던 기억이 납니다.

・・・

부모의 정서는 안정적인가

지금까지 사춘기 자녀의 정서 안정에 도움이 되는 방법을 설명했습니다. 하지만 이것보다 더 중요한 부분이 부모 자신의 정서를 먼저 신경 써서 관리하는 것입니다. 엄마 아빠가 불안하거나 심리·정서적으로 자존감이 낮거나 감정 기복이 심하면 아이가 그대로 영향을 받습니다. 심리검사 통계를 보면 부모의 자존감이 낮은 경우 자녀는 거의 무조건 자존감이 낮게 나옵니다. 자존감뿐 아니라 다른 심리·정서 부분도 마찬가지일 가능성이 높습니다. 여기서 부모가 착각하면 안 되는 부분이 있습니다.

'부모인 나는 심리·정서적으로 아주 건강한데 왜 우리 아이는 이렇게 안정적이지 못할까?'

여기서 심리·정서적으로 안정적이고 건강하다는 말은 부모에게 강한 통제력이 있다는 것을 의미하지 않습니다. 오히려 아이를 완벽하게 통제하려 할수록 왜 그렇게 스스로 강한 통제력과 의지를 발휘할 수밖에 없는지, 이면에 어떤 불안이 내재해 있진 않은지 살펴봐야 합니다. 학자들의 연구에 따르면 분리 불안이 있는 부모의 경우 자녀의 자율성과 독립심을 억압하거나 심리적으로 통제하려는 경향을 보인다고 합니다. 또 분리 불안이 심한 부모의 자녀가 그렇지 않은 부모의 자녀에 비해 우울 증상과 외로움이 많고 자존감이 낮은 것으로 나타났습니다. 정서적으로 건강하다는 것은 타인에게 적절한 거리감을 유지하면서도 동시에 공감할 여력이 있는 상태를 말합니다. 아이가 불안해하고 정서적으로 흔들리는 모습을 보이면 보호자 자신을 꼭 성찰해봐야 합니다. 그러지 않으면 아이만 계속 부족하다 판단하게 됩니다. 양육과 통제는 동의어가 아닙니다.

정서적으로 힘들 때 가족 구성원이나 친한 친구 등 누군가와 자주 포옹하면 좋습니다. 앞서 섭식장애 예방책으로 포옹 효과를 소개하기도 했는데 포옹을 하면 그 순간 무의식은 내가 혼자가 아니라는 연대감을 느낍니다. 이 연대감은 불안을 상쇄해주는 좋은 효과가 있습니다. 혼자서도 포옹하는 것과 같은 효과를 얻을 수 있는 방법도 있습니다. 따뜻한 물로 샤워를 하는 것입니다. 따뜻한 물의 온도가 포옹할 때와 같은 정서적 안정감을 가져다주는 데 효과가 있습니다. 아침에 일어났는데 오늘 하루가 걱정되고 힘들다면 일단 따뜻한 물로 5분, 10분씩 샤워하고 하루를 시작하는 것도 좋습니다.

지금 우리 아이는 연애 중!

• • •

사춘기 연애가 뭐 어때서?

"선생님, 저… 아니에요."

수아가 체육 시간에 빈 교실에 들어와 뭔가를 말하려 했습니다.

"어디 아프니?"
"아니요. 그게…."
"괜찮아. 체육하다 말고 교실로 찾아온 거면 뭔가 있는 것 같은데… 말하렴, 선생님이 비밀은 지켜줄 테니."

"그게요, 다음 달에 짝 바꾸잖아요. 그때 윤오랑 짝하게 해주시면 안 돼요?"
"윤오? 수아가 윤오를 좋아하는가 보구나."
"그냥요. 졸업하기 전에 짝은 한번 해보고 싶어서요."

초등 사춘기 이성 친구는 어른이 생각하는 남사친, 여사친보다 강도가 셉니다. 간혹 초등학교 여학생은 서로 애정이 있으면 동성 친구 사이라도 절친, 단짝 등으로 부르면서 화장실이나 빈 교실에서 몰래 뽀뽀나 포옹을 하기도 합니다. 그리 놀랄 일도 아닙니다. 그러니 이성 간에 서로 좋아하는 감정을 알게 되면 그 강도는 거의 폭발적이라고 보면 됩니다.

4학년 정도 되면 반에서 공식적으로 인정받는 이른바 '커플'이 있습니다. 어른들이 말하는 이성 교제인 셈입니다. 몇몇 용감한 남학생 또는 여학생이 "나… 너… 좋아해"라고 말합니다. 그때 상대방이 고개를 끄덕이거나 동의하는 제스처를 하면 그 순간 '오늘부터 1일'이 됩니다. 드라마처럼 많은 아이들 앞에서 갑작스레 고백하는 경우도 있습니다. 상대방이 마치 무엇에 홀린 듯 고개를 끄덕이게 합니다. 그럼 주변에서 "와" 하며 박수를 쳐주고 그렇게 커플이 탄생합니다. 선물을 사고 편지를 써서 사물함이나 책상 서랍, 신발장 같은 곳에 몰래 넣어두고 고백하기도 합니다. 한 반에 30명 학생이 있다고 했을 때 두 커플, 즉 4명 정도가 고백을 통해 사귑니다. 마음은 있는데 표현을 못했을 뿐 커플이 되고 싶어 하는 아이들은 그 이상입니다.

• • •

아이가 연애를 시작했다면

사춘기 이성 교제는 허락 차원이 아닙니다. 남학생에게 맘에 드는 여학생이 생기고 여학생에게 멋있어 보이는 남학생이 있는 것은 당연한 일입니다. 그리고 내 자녀가 또래 이성을 좋아한다고 고백하고 주변 친구들에게 인정받는 커플이 되는 것을 막을 수 있는 방법도 없습니다. 못하게 해도 얼마든지 부모나 교사 모르게 사귈 수 있고 실제로 학교나 학원에서 그렇게 하고 있습니다. 따라서 부모나 교사가 해줘야 할 일은 이성 교제를 허락하거나 반대하는 것이 아니라 이성 친구가 생겼을 때 또는 생기기 전에 아이에게 필요한 교육을 해주는 것입니다.

보통 아이가 좋아하는 사람이 생겼다고 하면 부모는 이렇게 물어봅니다.

"그 애는 착하냐? 성격이 어떤데? 배려는 잘하고? 공부는 어느 정도 해? 친구들 사이에서는 잘 지내니?"

그런데 사실 이런 질문은 의미가 없습니다. 왜냐하면 상대방에게 좋아한다는 고백을 듣는 순간 우리 아이는 그 아이의 모든 것이 다 좋아 보이기 때문입니다. 심지어 그 아이가 욕을 하는 모습도 멋지게 보입니다. 따라서 내 자녀에게 이성 친구가 생겼다는 사실을 알았을 때 부모로서 맨 먼저 해줄 말은 이것입니다.

"싫으면 언제든 헤어져도 돼."

아이들은 처음이 많습니다. 맘에 드는 이성 친구가 생긴 것도 처음이고 그동안 부끄러워서 말도 못했는데 용기 있게 고백하거나 그 고백을 받아들인 것도 처음입니다. 사귀는 것도 처음입니다. 아이들에게 처음인 대상은 어른들이 생각하는 것 이상으로 큰 의미를 지닙니다. 그래서 상대방에게 절대성을 부여합니다. 마치 내 전부인 것처럼 말하며 나와 동일시하거나 나 자신보다 더 중요하게 여기기도 합니다. 그러다 보니 관계가 내가 생각한 것과 달라도, 상대가 나를 불편하게 해도 내 감정을 확실하게 표현하지 못하고 휘둘리는 일도 생깁니다. 따라서 이 비현실적인 환상을 초반에 깨주는 것이 중요합니다. 언제든지 헤어져도 된다는 표현은 바꿔 말하면 상대에게 너의 모든 것을 다 쏟아부을 만큼의 가치는 없다는 뜻입니다. 아이는 이 말을 들으며 무의식적으로 상대와 적당한 거리감을 만듭니다.

요즘에 쿨하다는 부모는 이렇게 말하기도 합니다.

"예쁘게 잘 만나라."

그런데 이 말은 참으로 모호하고 위험합니다. 예쁘게 잘 만나라는 말을 들은 아이들은 드라마에서 낭만적으로 연출된 스킨십 장면을 떠올립니다. 실제로 예전에 커플 학생이 주고받은 쪽지를 본 적이 있습니다. 우리가 사귄 지 30일 됐으니 손을 잡고 싶다, 60일 되면 키스 정도는 할 수 있는 사이가 돼야 한다, 100일이 되면 기념으로 ○○을 만지게 해달라는 내용이었습니다.

요즘 초·중등 아이들은 수학여행을 가면 일부러 커플 둘만 남겨놓고 방에서 나와줍니다. 그게 예쁘게 사귀도록 도와주는 배려라고 생각합니다. 그러면 서로 좋아하는 감정이 폭발하는 두 아이만 방에 남습니다. 특히 스킨십을 궁금해하는 경우가 많습니다. 사춘기 아이들은 충동적이고 행동적이라 무슨 일을 저지를지 모릅니다. 그러니 아이가 이성 교제를 할 때는 상대와 어떻게 만나야 하는지 구체적인 지침을 줘야 합니다. 이건 된다, 안 된다가 아니라 아이 스스로 경계를 세우고 그 경계가 침범됐을 때 주체적으로 대처할 수 있는 방법을 알려주는 것이 좋습니다.

특히 스킨십에서 중요한 부분은 내가 원하는 것이 무엇인지, 상대방과 합의가 됐는지, 만약 내가 원하는 것이 있거나 상대방이 원하는 것이 있을 때 어떻게 소통하고 의사를 결정할 것인지, 내가 결정한 것에 어떤 책임이 주어질지 등을 아이가 생각해볼 수 있게 해주는 것입니다. 단, 커플이라는 이유만으로 원치 않는 신체적 접촉을 하거나 신체 일부를 보여주는 등의 행동은 안 된다고 분명히 말해주세요. 그리고 다시 한 번 강조해 주세요. 싫으면 언제든 헤어져도 된다고 말입니다.

・・・

이성 친구와 잘 헤어지는 법

초등 사춘기 커플은 보통 짧으면 3개월, 길어야 6개월을 넘기지 못합니다. 주변 아이들이 눈치채고 쟤네들 헤어졌다고 수군거립니다. 그리고 이렇게 말합니다.

"선생님, 윤오가요, 수아를 차버렸어요."

그러면 두 아이 모두 상처를 받습니다. 차버렸다고 하는 아이는 양심의 가책을 느끼고 차였다는 아이는 수치심을 느낍니다. 공식 커플이면 헤어지면 안 되고 헤어지더라도 남들이 모르게 했어야 한다고 생각합니다. 초등 시기 이성 교제에서 또 하나 중요한 부분이 잘 헤어지는 방법을 배우는 것입니다. 헤어지는 것은 단순히 누군가를 차버려서 상처를 주거나 혹은 차여서 부끄러운 일이 아닌 자연스런 현상임을 알게 해줘야 합니다. 그래야 그 슬픔을 잘 애도하고 어른이 돼서 더 성숙하고 변화된 모습으로 이성을 만날 힘이 생깁니다.

잘 헤어지는 방법도 구체적으로 알려주면 좋습니다.

"좋아하는 감정이 1부터 10까지 있다면 몇 점이야?"

이렇게 감정을 수치화해 물어봅니다. 교제 초기 아이는 8~9 정도라고 대답할 것입니다.

"지금은 8 이상이지만… 5나 6 이하로 그 감정이 내려가는 때가 올 거야. 그러면 정중하게 이제 그만 사귀자고 말할 수 있어야 해."

이렇게 이성 친구가 아니라 본인 내면으로 시선을 돌리는 질문을 하면서 답변해주면 됩니다.

한편 요즘은 고백을 거절당하거나 이별을 통보받았을 때 이를 받아들이지 못해 폭력을 행사하거나 심지어 살인을 저지르는 범죄도 많이 발생하고 있습니다. 따라서 내 감정이 얼마나 큰 상대의 마음을 인정할 수 있도록 지도해야 합니다. 반대로 상대에게 헤어지자고 했더니 집요하게 연락을 하거나 헤어지면 죽겠다는 등의 협박을 하는 식으로 평소와는 다른 행동을 한다면 꼭 부모나 주변 어른에게 알리도록 해주세요.

그냥 '적당히 좋아하다 말겠지' 하는 생각은 금물입니다. 요즘 초등 사춘기는 누군가를 적당히 좋아하다 마는 시기가 아닙니다. 동성 간에도 단짝이라는 이름으로 가까이 지내다 멀어지면 아픔을 겪고 역동을 느낍니다. 낯선 이성 간에는 감정 파고가 그 이상입니다. 경계선을 명확히 알려주고 헤어짐에 대비한다는 자세로 접근해야 합니다. 만나고 헤어지는 과정이 폭풍처럼 왔다 갑니다. 성공적인 헤어짐은 자녀가 성인이 돼 이성과 사귈 때도 만남과 이별이라는 사건에 집착하지 않게 합니다.

아이가 자기 몸에 상처를 낼 때

자해하는 아이들

"준혁아, 안 덥니?"
"네?"
"긴팔 체육복을 계속 입고 다녀서 물어보는 거야. 다른 애들처럼 반팔 입지 그래?"

초여름 더위가 기승을 부리던 어느 날, 긴팔 체육복을 입고 땀을 뻘뻘 흘리고 있는 준혁이를 불러 물어봤습니다.

"아, 예… 그게 반팔 체육복이 작아서요. 엄마가 주문했다고 하는데 아직 택배가 안 왔어요."

"그랬구나. 그럼 더우니까 택배 도착할 때까지 학교 체육복이랑 비슷한 색깔 반팔 티셔츠 입고 와도 돼."

"네…."

하지만 준혁이는 다음 날도 긴팔 체육복을 입고 왔습니다. 그렇게 일주일이 지나고 날은 점점 더워지는데 준혁이는 여전히 긴팔 체육복 차림입니다. 문득 어떤 불안한 생각이 머리를 스쳐 준혁이를 따로 불렀습니다. 그리고 조심스럽게 물었습니다.

"준혁아, 혹시나 해서 물어보는 거야. 선생님한테 소매 좀 걷어서 보여줄 수 있어?"

머뭇거리다 조심스레 소매를 걷어 올린 준혁이 팔뚝에는 쉽게 사라지지 않을 것 같은 자해 흔적이 보입니다.

보건복지부 '2022 자살예방백서'에 따르면 10대 자살 및 자해 시도 건수가 2017년 2,633건에서 2020년 4,459건으로 약 1.7배 늘었습니다. 교육부 '학생정서행동특성검사(2018)'에서는 중학생의 9.77%가 자해 경험이 있다고 응답했습니다. 이 결과는 결국 초등학생의 9.77%가 자해 경험이 있다는 말과 다름없습니다. 해당 검사는 보통 학기 초 4월에 중학교 1학년을 대상으로 하는데, 이제 중학교에 올라온 지 40일 정도 된 아이들 중 10%나 자해 경험이 있다고 답한 것입니다. 그럼 그 경험을 언제 했을까요? 이르면 초등학교 5~6학년부터 했다는 뜻입니다. 실제로 심리상담 내용을 보면 첫 자해는 이 시기인 경우가 많습니다.

질병관리청이 발표한 '2022 손상유형 및 원인 통계'에 따르면 10대 청소년의 자해 및 자살 시도 비율은 18.2%입니다. 실제 병원 응급실에 내원한 손상 환자의 통계라 '학생정서행동특성검사'에 비해 위험 수위가 높아졌다고 볼 수 있습니다.

· · ·

할 수 있는 게 이것뿐이라서

대부분의 아이가 처음에는 '비자살성 자해'를 시도합니다. 비자살성 자해란 죽으려는 의도가 없음에도 고의로 직접적인 방법을 써 자기 신체에 해를 가하는 것입니다. 도구는 주로 문방구에서 손쉽게 구할 수 있는 것을 씁니다. 압정, 옷핀, 가위, 커터 칼 등으로 신체에 상처를 냅니다. 자해를 한다고 해서 평소 어떤 문제가 심각하게 드러난 아이도 아닙니다. 그냥 평범해 보이는 고학년 사춘기 아이입니다.

언뜻 자해가 아닌 듯 보이는 경우도 있습니다. 책상이나 벽 또는 창문을 주먹으로 때리는 것입니다. 하지만 그 결과 아이는 손을 다칩니다. 머리카락을 지속적으로 잡아 뜯어 탈모처럼 머리 한구석이 휑하니 비어 있기도 합니다. 이런 경우 대부분 아이가 분노 조절을 잘 못한다고 생각하거나 머리를 지속적으로 잡아당기는 틱장애 증상의 하나로 오해하기도 합니다. 진단은 행위의 지속성과 아이가 그 행위에서 오는 고통을 어떻게 받아들이고 있는지 여부로 판단해야 합니다. 자해하는 아이는 표면의 고통으로 내면의 고통을 덮어 버리려는 모습을 보입니다.

자해를 하는 아이들에게 이유를 물어보면 대답은 대부분 하나로 요약됩니다.

"너무 힘든데 내가 할 수 있는 게 이것밖에 없어서요."

사춘기가 시작되면 심리·정서적으로 스트레스가 생기는데 이를 풀 수가 없는 것입니다. 어떻게 풀어야 하는지 배운 적도, 알려주는 사람도 없습니다. 엄마, 아빠, 학교 선생님에게 고민을 얘기해봐도 누가 한 명 제대로 봐주지 않습니다. 오히려 더 혼만 납니다. 뭐라도 해서 풀어야겠으니 결국 자기 몸에 상처를 내는 방법으로 스트레스를 해소하는 것입니다.

상처를 내는 방식으로 스트레스를 해소한다는 말은 한 번에 이해하기 어렵습니다. 보통 사람은 몸이 아프면 스트레스를 받으니 말입니다. 이렇게 생각하면 됩니다. 일단 몸에 상처를 내면 그 순간 육체적 고통에 집중하게 되고 그 순간만큼은 정신적 고통을 잊을 수 있습니다. 다시 말해 끔찍한 정신적 고통에서 벗어나기 위한 신체적 도피 행동인 것입니다. 실제로 자해하는 아이들과 얘기해보면 이렇게 말합니다.

"상처는 아프지만 자해를 하면 마음이 편해져요."
"피가 나는 걸 보면 뭔가 쌓였던 게 해소되는 것 같아요."

・ ・ ・

아이가 자해한다는 사실을 알았다면

자해는 육체적으로 아픔을 주면서 동시에 심리적으로는 해소되는 듯한 중독성이 있습니다. 그래서 한번 경험한 아이는 정신적으로 스트레스가 올 때마다 자해를 반복합니다. 어른들이 몇 번 크게 혼내거나 하지 말라고 해서 쉽게 멈출 수 있는 행동이 아닙니다.

우리 아이가 자해했다는 사실을 알면 부모 입장에서는 충격이 큽니다. 알고 있었지만 어떻게 해야 할지 몰라 사실을 감추는 데 급급하기도 합니다. 제가 아이가 자해한다는 사실을 알아차렸을 때 부모에게 간곡하게 부탁하는 것이 있습니다.

"절대로 자해했다는 이유로 아이를 혼내지 마세요."

우리 아이가 그런 행동을 했다고는 도저히 받아들일 수 없는 부모는 혼을 내서라도 당장 멈추게 해야겠다는 충동에 아이를 더 나무라는 경우가 많습니다. 하지만 그러면 아이는 심리적 스트레스가 더 심해지고 자해 빈도와 강도가 높아지는 악순환에 빠집니다.

어떻게든 자해 행동을 빨리 멈추게 해야겠다는 데 초점을 두면 치료의 방향성을 잃습니다. 앞에서도 말했듯 사춘기 아이들이 자해를 하는 이유는 내면의 심리적 상처와 어려움을 어떻게 풀어야 할지 모르기 때문입니다. 다시 말해 문제의 근본 원인은 자해 자체가 아니라 스트레스나 심리적 고통을 제대로 다루지 못하는 것입니다. 실제로 비자살성 자해에 관한 수많은 연구가 계속되면서 상당수 환자가 경계성 성격장애나 우울증을 포함한 기타 정신질환을 앓고 있는 경우가 많다는 점이 밝혀졌습니다. 따라서 자살 시도와는 구분된 진단과 치료가 필요하며 무엇보다 절대적인 정서적 지지와 이해가 먼저 이뤄져야 합니다. 아이를 자해 행위로 몰아넣은 상황과 심리, 정서를 이해하지 않으면 행위가 재발하기 쉽습니다. 아이가 자해한다는 사실을 알았다면 자해라는 단어에 매몰되지 말고 아이의 심리적 고통과 상처에 초점을 둬야 합니다.

자해 상처에 초점을 둔 잘못된 행동과 마음의 상처에 초점을 둔 올바른 행동을 비교해 보겠습니다.

"너 팔에 있는 이 상처, 뭐야! 이게 얼마나 위험한 건지 알아? 잘못하면 죽을 수도 있어!"

이렇게 말하면 자해 행위를 다그치는 것이 됩니다. 이보다는 심리적 상처에 초점을 두고 이렇게 말하는 것이 좋습니다.

"팔에 상처가 있구나. 그동안 얼마나 마음이 힘들었으면… 네 마음이 이렇게 힘들었는데 알아주지 못해서 미안해."

아이가 자해한다는 사실을 알았을 때 부모의 첫 반응은 매우 중요합니다. 아이는 자신이 자해한다는 사실을 부모가 알았을 때가 가장 긴장되고 두렵습니다. 반면 기대감도 있습니다. 이렇게 자해를 할 수밖에 없는 패턴에서 벗어날 수 있지 않을까 하고 말입니다. 그런데 부모의 첫 반응이 아이의 기대감과 달리 차갑다면 상황이 더 심각해집니다. 그러니 반드시 아이 마음이 얼마나 힘들었는지 읽어주는 말이 먼저여야 합니다.

"네가 얼마나… 오죽 힘들었으면… 그랬을까."
"지금이라도 엄마가 알았으니까 같이 노력해보자."
"아빠가 미안하다. 그동안 너 혼자 얼마나 힘들었냐."
"괜찮아, 부끄러워하거나 수치스럽게 생각할 거 없어. 두려워하지 않아도 돼. 이건 네 잘못이 아니야. 너 혼자 의지력만으로 해결할 수 없는 일이야. 네 탓이 아니야."

이것이 자해를 하는 사춘기 아이에게 꼭 필요한 말입니다. 자해하는 아이는 잘못이 없습니다. 어른이 아이의 심리적 혼란과 고통에 함께해주지 못해 생긴 문제일 뿐입니다. 우리 아이가 혼자라고 느끼지 않도록 힘써주길 바랍니다. 자해하는 아이만큼 외로운 아이는 없습니다.

사춘기로 오해하면 안 되는 정신질환

소아기 정신질환 1위
적대적 반항장애

초등 시기 정신질환을 앓는 아이가 종종 있습니다. 안타까운 점은 제대로 진단과 치료를 받아야 할 아이들이 정신질환을 사춘기의 특정한 한 형태 정도로 오해받아 방치되는 경우가 많다는 것입니다. 아이에게 정신질환이 있음을 인정하고 싶지 않은 보호자의 회피 방어기제가 방치 원인이 되기도 합니다.

우리나라에서 소아청소년이 가장 많이 앓고 있는 정신질환은 적대적 반항장애입니다. 많게는 초등학생 10명 중 1명이 겪고 있습니다. 《초등학생 심리백과》의 인용에 따르면 그 비율이 5~10% 정도이고 2019년도 대한소아청소년정신의학회 조사에 따르면 20%에 달합니다. 그런데도 생각보다 이 질환에 관해 모르는 부모가 많습니다.

적대적 반항장애는 자신보다 권위가 있다고 생각하는 사람에게 적대적 언어 또는 신체적 행동을 표현하며 반항적, 불복종적, 도발적 행동을 보이는 것입니다. 쉽게 설명하면 어른이 하는 말은 일단 부정하고 짜증 내면서 더 나아가 분노까지 표출합니다. 대부분 이런 아이를 보면 그저 말 안 듣는 아이라고 생각하지 정신질환이 있다고까지는 생각하지 못합니다. '사춘기가 좀 일찍 찾아와서 그런가 보다' 하는 것입니다. 학계에서는 '화내기' '어른과 논쟁하기' '어른의 요구나 규칙을 무시하거나 거절하기' '고의로 타인을 귀찮게 하기' '자신의 실수나 잘못된 행동을 남 탓으로 돌리기' '앙심 품기' 등의 행동이 네 가지 이상 빈번하게 발생하면 적대적 반항장애로 간주합니다.

대표적 증상은 아이가 집에서 엄마한테만 함부로 하는 것입니다. 학교에서 친구들과는 아주 잘 지냅니다. 엄마도 '우리 애니까 짜증 좀 낼 수 있고 뭐가 못마땅하면 화도 낼 수 있고 그런 거지' 하면서 그냥 감당하고 지나갑니다. 학교에서는 별다른 큰 문제 없이 지내니 그렇습니다. 실제로 적대적 반항장애는 품행장애와 달리 다른 사람의 기본적 권리를 침해하는 반사회적 또는 공격적 행동은 두드러지지 않습니다. 물론 학교에서도 선생님들에게는 반항적인 행동을 합니다. 학교에서 권위 있는 사람은 선생님이기 때문입니다. 그런데 학교에서도 별 제지를 당하지는 않습니다. 일단 다른 학생과 잘 지내니 권위를 이용한 훈계를 받을 일은 잘 생기지 않습니다. 그런 일이 있다 해도 아이가 일단 강한 저항을 하면 교사 입장에서 달리 방도가 없습니다. 그런데 시간이 지나면서 특히 아이가 고학년이 되면 엄마는 아이가 버겁다고 느낍니다. 사춘기가 빨리 지나가길 바라면서 참을 뿐입니다.

적대적 반항장애는 생각보다 빨리 와서 초등 입학 전부터 시작됩니다. 이때는 장애 판정까지는 잘 안 됩니다. 하지만 전조 증상이 있습니다. 엄마가 입으라는 옷 안 입고 먹으라는 것 안 먹고 하지 말라고 해도 들은 체 만 체합니다. 일단 엄마가 하라는 것은 그냥 다 싫다고 합니다. 엄마는 참다 참다 버럭 화를 내죠. 잠깐 잠잠하다 싶어도 그때뿐 아이는 더 센 강도로 엄마에게 저항합니다. 어느 순간 엄마는 지쳐서 이렇게 생각합니다.

'모르겠다. 크다 보면 철드는 날이 오겠지.'

안타깝게도 이런 행동은 더 강화되기만 할 뿐 저절로 나아지지 않습니다. 빠른 경우 아이 나이 6세 정도에 적대적 반항장애가 시작됩니다. 아이가 자신의 욕구를 인지하고 충족하고 싶어 하는 강도가 세지기 때문입니다. 즉, 욕구 충족을 어떤 방식으로 얻느냐에 따라 반항이나 저항이 시작됩니다. 유치원에 가기 싫은데 짜증 내고 화를 내니까 집에서 하루 쉬게 되고 밥 먹기 전에 아이스크림부터 먹고 싶어서 막 소리를 질렀더니 아이스크림이 생기면 이런 패턴이 학습됩니다. 그리고 이를 제어하는 권위 있는 사람에게 같은 방식으로 자신의 욕구를 관철시킵니다. 적대적 반항장애가 고착되는 것입니다. 이 과정이 6개월 이상 지속되면 적대적 반항장애로 진단받게 됩니다.

적대적 반항장애를 방치하면 품행장애나 반사회성 성격장애로 발전될 수 있어 조기에 치료해야 합니다. 앞서 말했듯 적대적 반항장애는 사춘기나 다른 행동장애와 혼동되기 쉽고 잘 드러나지 않아 전문가를 찾아가 정확한 진단을 받는 것이 중요합니다. 또 부모와 함께 치료를 받아야 합니다. 가족 요법은 아이의 의사소통과 갈등 해결에 큰 도움이 됩니다. 아이가 증상을 보일 때 압도되는 부모에게도 정서적이고 실용적인 지원이 돼줍니다.

소아기 정신질환 2위
ADHD

적대적 반항장애 못지않게 초등 시기 많이 발생하는 정신질환이 있습니다. ADHD, 주의력결핍 과다행동장애로 14세 미만 아이들의 정신질환 중 적대적 반항장애 다음으로 많은 질환입니다. 우리나라의 경우 초등학생은 전체 약 13%, 청소년은 약 7%가 ADHD에 해당한다고 보고 있습니다. 비율이 낮은 편은 아니며 최근 몇 년 사이 증가하는 양상을 보이고 있습니다. 그런데 적대적 반항장애가 학교에서 또래 간에는 별문제가 안 되는 반면 ADHD는 다른 학생 수업에 방해가 되고 문제 행동이 드러나기 때문에 더 주목받습니다.

ADHD 아이는 자극에 선택적으로 집중하기 어렵고 지적해도 잘 고쳐지지 않습니다. 선생님 말을 듣고 있다가도 다른 소리가 들리면 금방 거기에 신경을 쓰고 시험을 볼 때도 문제를 끝까지 읽지 못하는 등 한곳에 오래 집중하기 힘들어합니다. 허락 없이 자리에서 일어나거나 뛰어다니는 등 활동 수준도 높습니다.

사실 적대적 반항장애와 ADHD는 완전히 별개의 증상이 아납니다. 서로 아주 밀접하게 연결돼 있습니다. 앞서 언급한 2019년 대한소아청소년정신의학회 조사에 따르면 적대적 반항장애 어린이 10명 중 4명이 ADHD로 진단받았습니다. 즉, 두 가지 증상이 함께 나타나는 것입니다. 학회 조사에 따르면 ADHD가 적대적 반항장애의 원인이 되기도 합니다. 서울대학교 김붕년 교수 연구 팀이 2016년 9월부터 약 1년 6개월간 전국 소아청소년 및 그 부모 4,057명을 조사한 연구에 따르면 ADHD 증상이 반복적으로 제제당하기만 하면 아이들이 스트레스를 받아 결국 적대적 반항장애를 보였다고 합니다.

ADHD 치료 시기를 놓쳐 적대적 반항장애가 고착되면 자라면서 인터넷 게임중독이나 알코올의존증에 빠지고 심각한 우울 증상, 심지어 자살 생각과 시도 비중까지 높아질 수 있습니다. 이는 결코 간과할 수 없는 사회문제로 이어집니다. 어린이 정신질환을 사춘기라서 그럴 것이라고 안일하게 바라보는 시각을 버려야 합니다. 어린이 정신질환에 대한 경각심과 예방, 치료 방안이 절실한 상황입니다.

일단 아이가 공동체 생활을 통해 대인 관계 경험치를 쌓을 수 있게 해줘야 합니다. 이 부분은 사실 우리나라 교육 시스템상 저절로 되고 있습니다. 대부분의 아이가 어린이집, 유치원, 초등학교를 다니기 때문입니다. 이렇게 공동체 활동을 하기만 해도 4명당 1명꼴로 적대적 반항이 완화되는 모습을 보입니다. 그래서 꾸준히 학교를 보내는 것이 중요합니다. 아이가 화를 내고 짜증을 낸다고 학교를 자주 빠지게 하는 것은 좋지 않습니다.

가정에서 부모가 화를 조절하는 방법, 규칙을 지키는 법 등을 설명해주는 분위기도 중요합니다. 그나마 요즘에는 아무리 바쁘고 힘들더라도 기본 예의는 갖추게 하려 훈계하고 규칙을 알려주려 노력하는 부모가 많습니다. 그런데 노력만으로는 한계에 부딪힐 때가 많습니다. 부모도 지치기 마련입니다.

가장 좋은 대책은 초등 입학 시기 최소한 지금 가장 많은 비율을 차지하고 있는 '적대적 반항장애' 'ADHD' 검사 정도는 받아보는 것입니다. 객관적 검사를 통해 전조 증상을 확인하거나 이미 장애가 진행된 경우 치료 시기를 앞당길 수 있습니다. 아이 심리 문제를 그저 가정교육 또는 학교교육을 통해 해결해 보려는 생각을 놓아야 합니다. 정신질환에서 비롯된 자녀의 문제 행동으로 정말 많은 가정이 힘들어하고 있습니다. 사춘기라서 어쩔 수 없다며 아까운 시간만 보내면서 말입니다. 치료 시기를 놓칠수록 앞으로의 길은 길고 험난해진다는 점을 꼭 기억하길 바랍니다.

✪ 선호쌤의 사이다 한 잔 ✪

사춘기 아이에게는 이런 능력을 길러주세요

- 의지력이 아니라 좋은 습관을 만들어 주세요.
- 자기중심적 사고에서 탈피할 수 있도록 공감 능력을 길러주세요.
- 부정적 언어보다 긍정적 언어를 사용할 수 있도록 도와주세요.

사춘기 아이, 이런 습관을 주의하세요

- 좋아하는 연예인의 '덕질'에 지나치게 몰입한다면 무조건 못하게 하기 이전에 감정에 공감해 주세요. 또 SNS에서 만난 주변 인물에게 빠져들어 온라인 그루밍 성범죄 등에 노출되지 않도록 SNS 계정을 주기적으로 살펴주세요.

- 음란물은 절대 봐서는 안 되는 것임을 분명하게 가르쳐 주세요. 이미 음란물 중독이 의심되는 상황이라면 Wee센터 등 전문가의 도움을 구하세요.

- 아이 몸무게가 심하게 줄거나 식사 자리를 피하거나 갑자기 폭식을 한다면 섭식장애가 아닌지 세심하게 지켜보세요. 포옹은 섭식장애를 예방할 수 있는 좋은 방법입니다.

사춘기 아이의 몸과 마음, 이렇게 지켜주세요

- 아이의 스트레스 강도가 높다면 스트레스를 없애려고 하지 말고 스트레스를 해소하는 방법을 알려주세요. 부모의 스트레스 강도를 조절하는 것도 중요합니다.
- 사춘기 아이 정서 안정을 위해 운동 기회를 자주 만들어 주세요. 또 아이 방에 안정감을 느낄 수 있는 공간을 만들어주는 것도 좋습니다.
- 아이가 연애를 시작했다면 상대와 언제든지 헤어질 수 있고 헤어져도 된다는 것과 연애를 할 때의 구체적인 지침을 알려주세요.
- 아이가 자해를 했다면 자해한 행위에 집중하지 말고 내면의 상처를 들여다보세요.
- 적대적 반항장애나 ADHD를 사춘기 문제 행동으로 오해하지 않도록 미리 전문 검사를 받아보세요.

4장

요즘 사춘기를 위한 교육

알고리즘 끊기

· · ·

알파세대의 스마트폰에는 무엇이 들어 있을까

"쌤, 이번에 수학여행 가서 스마트폰 갖고 있어도 되죠?"

1박 이상의 수학여행을 갈 때 아이들이 궁금해하는 것이 두 가지 있습니다. 하나는 '누구와 같은 방을 쓰게 될 것인가' 그리고 다른 하나는 '스마트폰을 사용할 수 있을까'입니다.

"낮에는 갖고 있어도 돼. 저녁에 숙소에 돌아오면 취침 시간 전에 다 걷을 거야. 집에 전화하고 나서 걷을 테니 밤 9시쯤 되겠다."

"그냥 밤에도 쓸 수 있게 해주세요. 음악 들을 거란 말이에요."
"안타깝지만 밤에는 다 걷을 거란다."

과연 아이들이 정말 음악만 들을까요? 그런 아이도 한둘은 있습니다. 하지만 대부분은 밤새 친구들과 게임을 합니다.

2022년 한국언론진흥재단에서 '10대 청소년 미디어 이용조사'를 통해 초등학생 4~6학년, 중·고등학생의 인터넷 이용 시간을 파악한 결과 하루 평균 479.6분으로 나타났습니다. 약 8시간입니다. 초등학생과 중·고등학생을 나눠서 보면 4~6학년 학생 하루 평균이 약 6시간이었습니다. 중·고등학생은 평균 9~10시간이 된다는 뜻입니다. 10대 청소년 평균 수면 시간이 7시간 정도니 잠자는 시간보다 인터넷 사용 시간이 더 많은 것입니다.

그 많은 시간 동안 주로 뭘 할까요? 일단 분야별로 다릅니다. SNS 사용은 인스타그램이 86.1%로 독보적입니다. 청소년 문화를 이해할 때 인스타그램을 모르면 10대 청소년을 모르는 것이라 할 수 있습니다. 2019년에는 페이스북이 1위였는데 이제는 청소년 사이에서 점유율이 46.1%로 하락했습니다. 페북 한다고 하면 구시대에 살다 온 사람 취급받는 실정입니다. 메신저는 카톡이 95.3%로 1위, 인스타 DM이 52.3%로 2위입니다. 그래도 아직 메신저는 카톡을 주로 쓰니까 아이와 카톡으로 소통하면 되겠구나 생각할 수 있지만 실상은 좀 다릅니다. 부모와 연락해야 하거나 일상의 여러 서비스가 카톡을 통해 제공되기 때문에 계정을 유지하는 것뿐, 학교 친구끼리는 대부분 인스타 DM으로 소통합니다. 자신들만의 소통 창구인 셈입니다. 특히 SNS에서 알게 된 사람과의 소통은 주로 인스타 DM으로 주고받습니다.

온라인 동영상 이용의 경우 1위는 단연 유튜브입니다. 97.3%가 유튜브 영상을 보고 2위 역시 유튜브로 쇼츠 이용률이 68.9%로 나타났습니다. 인스타 릴스가 47.6%, 틱톡이 39.6%로 뒤를 이었습니다. 온라인 동영상의 경우 단순히 시청만 하는 것이 아니라 직접 동영상을 찍고 업로드하기도 하는데 놀랍게도 업로드 경험 비율이 가장 높은 이용자가 초등 4~6학년 사춘기 아이들이었습니다. 초등학생이 36.2%, 중학생이 29.9%, 고등학생이 20% 정도 됩니다.

메타버스 플랫폼은 초등학생 이용률이 압도적이었습니다. 일주일 단위로 메타버스 플랫폼에서 활동한 건수가 1건이라도 있는 비율은 초등학생이 74.4%로 가장 많고 중학생 54%, 고등학생 32% 순으로 조사됐으며 주로 사용하는 플랫폼은 로블록스나 마인크래프트였습니다.

아이 뇌를 망가뜨리는 알고리즘 편향성

다시 10대 사춘기 청소년 하루 평균 인터넷 이용 시간으로 돌아가 보겠습니다. 하루 평균 8시간입니다. 이 시간 동안 인터넷으로 전 세계 어떤 정보든 찾아볼 수 있고 영상도 시청할 수 있고 사람들과 소통도 할 수 있습니다. 그렇다면 청소년이 사회를 바라보는 시선이나 문화, 역사, 정치 등에 대한 기초지식이 넓어져야 할 것 같은데 오히려 정반대 현상이 일어나고 있습니다. 기본 상식은 물론 어휘력도 더 떨어지고 있고 가치관이나 세계관도 더 좁아지고 있는 듯합니다.

인터넷 이용이 한쪽으로 편향된 것이 원인입니다. 특히 뉴스 시청 시간을 보면 이런 현상이 두드러집니다. 예전에는 좋든 싫든 5시, 7시, 특히 저녁 9시면 TV 채널에서 뉴스를 방영했습니다. 다른 프로그램은 보고 싶어도 볼 수가 없었죠. 그러다 보니 관심이 있든 없든 사회 전반이 돌아가는 소식을 듣게 되고 모르는 얘기가 나오면 부모에게 물어보고 대답을 듣기도 하면서 간접적으로 사회문제를 알게 됐습니다. 그런데 요즘 사춘기 청소년의 뉴스 시청 비율은 TV로는 거의 0에 가깝습니다. 인터넷의 경우 2019년에는 뉴스 검색 시간이 평균 1시간을 넘었지만 2022년에는 50분 미만으로 줄었습니다. 즉, 내가 좋아하고 관심 있는 데만 인터넷 사용이 늘었을 뿐 세상에 대한 전반적인 관심으로 이어지지는 않는 것입니다.

이를 더 부추기는 것이 알고리즘 기반의 콘텐츠 추천입니다. 유튜브나 인스타 등의 플랫폼은 이용자가 계속 플랫폼에 머무르게 하기 위해 관심 있게 보거나 검색해본 영상과 게시물을 토대로 유사한 콘텐츠를 끊임없이 추천하며 자동 재생해 줍니다. 인터넷 안에 자신의 취향으로 선택한 세상을 만들고 그 세상에서만 사는 것입니다. 이미 오프라인 현실과 온라인 세상의 괴리가 시작됐다고 볼 수 있습니다.

사춘기는 자신의 내면과 세상을 연결하면서 적절한 가치관을 세워나가는 시기입니다. 일종의 조율 기간이라고 할 수 있습니다. 그런데 이 시기 편향된 사고만 집중적으로 접하면 왜곡된 가치관이 자리 잡을 위험이 있습니다. 게다가 알고리즘이 추천하는 콘텐츠 중에는 앞서 살펴본 것처럼 가짜 뉴스를 비롯해 진위 여부가 확인되지 않은 것도 많습니다. 요즘 남자와 여자, 노인과 청년, 유자녀와 무자녀 등 사회 각 영역에서 집단별 갈등이 첨예화되는 배경에는 이런 영향도 있을 것입니다.

초등학생이 주로 사용하는 메타버스도 로블록스나 마인크래프트로 거의 한정돼 있습니다. 로블록스는 가상세계에서 이뤄지는 게임입니다. 아이들이 이 게임에 열광하는 이유는 어떤 정해진 패턴이 있는 것이 아니라 사용자가 직접 가상세계에서 체험을 설정하고 변경하고 이를 친구들과 공유할 수 있기 때문입니다. 즉, 아이들이 자기가 상상한 것을 아이템화해 공유합니다. 어른 눈에는 레고로 만든 것 같은 캐릭터가 돌아다니는 모습이 유치해 보이기도 합니다. 마인크래프트 역시 블록으로 가상세계를 직접 만들어 나가는 게임의 일종입니다.

초등학생이 여기에 빠져드는 이유는 자신이 상상한 것을 구현해볼 수 있다는 매력이 있기 때문입니다. 그런데 그 안에서 이뤄지는 소통은 대부분 초등 아이들의 세계관에 머무릅니다. 세계관이 확장되지 않습니다. 비유적으로 표현하면 어떤 무인도에 초등학생 아이들만 도착해 그 무인도에 있는 재료로 아이들끼리 뭔가를 만들면서 노는 것입니다. 재밌겠죠. 누구의 간섭도 없으니까요. 하지만 그들의 세계관은 바깥세상과는 차단된 채 그 무인도에만 머뭅니다. 메타버스에서 현실로 돌아오면 학원과 숙제, 시험만 있습니다. 그러니 계속 메타버스 속에서 살고 싶은 것입니다. 지금 아이들이 성장해 어른이 됐을 때는 현실 적응력이 많이 떨어질 수도 있습니다. 이것이 가장 염려되는 부분입니다.

편향성 바로잡기

사춘기 아이의 세계관이 편향되지 않도록 바로잡아 주기 위해서는 먼저 현실 뉴스, 사회, 정치, 역사, 경제 등 실제 삶에 관한 얘기를 아이에게 자주 해주는 것이 중요합니다. 특히 가족이 같이 식사하는 자리에서 이런 대화는 필수입니다. 다큐멘터리나 뉴스, 드라마를 같이 보거나 책을 같이 읽으면서 내용을 공유해야 합니다. 요즘은 가족이 다 같이 자연스럽게 밥 한 끼 먹을 시간도 잘 없습니다. 최대한 의도적으로라도 이런 자리를 만들어야 합니다.

편향적 사고를 하지 않고 다양한 관점을 받아들이게 하기 위해 교실에서 사용하는 방법 중 하나가 에드워드 드 보노Edward de Bono의 '6색 사고 모자 기법'입니다. 아이들이 각자 6개의 다른 색 모자를 쓰고 한 주제에 관해 대화를 나누는 것입니다. 흰색 모자는 사실 중심의 정보에 집중하고 검은색 모자는 문제의 실패 가능성만 파고들며 빨간색 모자는 영감적이거나 감정적으로 접근합니다. 파란색 모자는 이성적 접근을 추구하고 노란색 모자는 긍정적 성공의 이유를, 녹색 모자는 창의적 해결 방안을 찾습니다. 이렇게 각자 맡은 영역에서만 생각을 하고 토론을 하다가 일정 시간이 지나면 서로 모자를 바꿔 씁니다. 바뀐 색깔에 따라 사고과정을 바꾸는 것입니다.

　가정에서도 이를 다양한 방식으로 활용할 수 있습니다. 예를 들면 30분 동안 아빠가 좋아하는 노래와 자녀가 좋아하는 노래를 바꿔 들어보는 것입니다. 또 하나의 기사를 보고 찬성하는 의견과 반대하는 의견을 모두 만들어보게 합니다. 문제에 대한 창의적 해법은 무엇이 있을지 고민하게 합니다. 이렇게 하나의 문제를 다양한 시각으로 바라보는 기회가 자주 주어질수록 아이가 편향적 사고에 머무르는 것을 막을 수 있습니다.

완벽하지 않은
나로 살아간다는 것

· · ·

사춘기, 인정 중독에 빠지다

'착한 아이 콤플렉스'라는 것이 있습니다. 착하게 행동해야만 부모에게서 사랑받을 수 있기 때문에 타인에게서 착한 아이라는 평가를 받기 위해 자신의 욕구나 감정은 억누른 채 착한 말과 행동만을 하려는 심리 상태를 말합니다. 이는 '인정 중독'과도 비슷합니다. 인정 중독은 단순히 착하게 구는 것을 넘어 자신의 모든 부분에서 타인의 인정을 받는 말이나 행동을 해야 사랑과 관심을 받을 수 있다고 생각하는 상태입니다. 인정 중독에 빠진 사춘기 아이는 그게 뭐든 타인에게 완벽하게 인정받지 못하는 상황이 되면 불안하고 초조해져 다른 사람의 시선을 의식하느라 정작 자기 자신의 감정과 욕구는 소홀히 합니다.

사람의 마음은 자기감정에 충실해야 평형을 유지합니다. 자기감정에 충실하다는 말이 내 욕구대로 한다는 뜻은 아닙니다. 내 내면에서 꿈틀거리는 감정을 언어화해 인지하고 있다는 뜻입니다.

'내가 지금 화가 났구나.'
'내가 지금 외롭구나.'
'내가 지금 우울하구나.'
'내가 지금 기쁘구나.'

내 감정을 먼저 알아채고 주체적 선택을 내린 다음 그 선택에 따른 책임이 뒤따를 때 마음이 안정을 이루고 건강해집니다. 반면 인정 중독에 길든 아이는 내가 아닌 타인의 감정을 먼저 인지하고 그에 따라 반응합니다. 그렇기 때문에 아무리 타인의 좋은 평가를 받아도 늘 마음속 깊은 한구석에는 만족감이 자리하지 못합니다. 시간이 지날수록 내 감정은 전혀 모른 채 상대방 감정을 내 욕구라 여기는 상황에까지 이르게 됩니다. 우리 아이가 빨라진 사춘기를 맞이하기 전 먼저 내 감정을 인지하는 과정을 자연스럽게 배워야 합니다. 그래야 무엇을 선택하고 그에 따라 어떤 책임을 지든 후회도 미련도 없습니다. 그리고 결정적으로 공허하지 않습니다.

모범적인 아이의 진짜 속마음

반에서 인정 중독이라고 판단되는 사춘기 아이가 있어도 부모에게 이를 언급하기란 참 어렵습니다. 그런 아이 대부분이 너무나도 모범적이기 때문입니다. 주변의 인정을 받는 행동과 말만 하고 문제를 일으키지 않으니 부모 입장에서는 아무 걱정이 없습니다. 오히려 부러움을 받습니다. 아이가 공부도 열심히 하고 친구들에게도 인기가 많고 배려심도 뛰어나고 뭐 하나 나무랄 데가 없어 부럽다고요. 그 와중에 담임인 제가 정신과 전문의도 아니면서 "어머니, 아이가 인정 중독 아닌지 걱정됩니다"라고 말하면 받아들이기 어렵습니다. 만약 아이가 사춘기가 지나도록 속 한번 썩이는 일 없이 너무 잘 컸다고 생각한다면, 또 부모 말에 다른 의견이나 토를 달지 않고 선생님과 주변 어른의 말을 아주 잘 듣는 데만 신경 쓰고 있다면 한 번쯤은 인정 중독을 의심해봐야 합니다. 물론 저도 이렇게 생각한 적이 있습니다.

'공부 잘하고 말 잘 듣는 게 증상이라면 인정 중독에 빠져도 큰 문제는 아니지 않을까?'

하지만 이는 지극히 어른 관점입니다. 어른에게 편하고 좋은 행동을 하니까 문제가 없다고 생각하는 것입니다. 관점을 바꿔 아이 중심에서 이렇게 파고들어야 합니다.

'사춘기 아이가 자기 마음과 욕구를 무시한 채 인정받기 위해서만 행동한다면 과연 그 아이는 진짜로 행복할까?'

요즘 심리상담이나 정신분석 전문가의 서적, 상담 사례 등을 보면 평범한 직장인, 특히 고학력에 전문직에 종사하면서 인정 중독으로 고통을 호소하는 경우가 꽤 많이 늘고 있습니다. 이 사례들을 분석해보면 초등 시기나 그 이전부터 인정에 집착하는 모습을 보여왔고 사춘기를 지나며 이런 상태가 고착된 경우가 종종 있습니다. 즉, 아이의 인정 중독을 방치하면 성인이 돼서도 그 대상만 바뀔 뿐 지속적으로 타인의 인정을 받기 위해 자신을 고달프게 합니다. 결국 심한 우울 같은 신체화 반응이 일어나고 자신의 존재감을 없애는 방향으로까지 나아가고 맙니다.

그럼 아이가 왜 인정 중독에 빠질까요? 그 상황은 개인마다 다릅니다. 영·유아기 불완전한 애착이 형성되면 인정 중독에 빠질 가능성이 높아집니다. 엄마 품이 곧 생명과도 같은 시기에 엄마가 우울한 상태면 아이는 엄마와 정서적 교감을 거의 하지 못합니다. 아이를 방임 상태로 양육하거나 부모로서 미숙한 상태로 양육했을 때 아이에게 인정 중독이 생기기도 합니다. 미숙한 상태란 아기 감정보다 부모 감정을 먼저 생각하는 것입니다. 부모가 자기감정이 좋을 때는 아이를 극진히 사랑하다가 감정이 좋지 않을 때는 갑자기 차가운 모습을 보이면 아이는 불안에 빠집니다. 언제든 보호받을 수 있다는 안정적 애착보다는 언제든 이유도 모른 채 버림받을지 모른다는 불완전한 애착이 형성되는 것입니다. 결국 살아남기 위해 내 감정은 지우고 부모 감정에 맞추는 인정 중독의 길을 선택하게 됩니다.

인정 욕구에 갇힌 아이 구출하기

가장 근본적으로 필요한 것은 아이가 잘하든 못하든 존재 자체로 사랑받을 수 있다는 사실을 느끼게 해주는 것입니다. 아이 시선에서 자기감정이 충분히 수용되고 있다는 느낌도 자주 받아야 합니다. 그와 동시에 부모가 아이를 훈육하는 기준이 가급적 일관적이어야 합니다. 아이는 분명히 똑같은 행동을 했는데 어느 때는 부모 기분에 따라 괜찮고 어느 때는 야단맞으면 아이는 자기만의 행동 기준을 세우지 못하고 부모 눈치를 보며 행동합니다.

인정 중독에 빠진 아이는 모든 면에서 완벽을 추구하려는 경향을 보입니다. 그러다 보니 약간의 실수만 해도 스스로 견디지 못합니다. 인정받지 못할 결과를 얻었으니 고통받는 것이 당연하다고 자학하는 것입니다. 아이에게 세상에 완벽한 사람은 없으며 완벽하지 않아도 괜찮다는 말을 해주는 것이 좋습니다. 예를 들어 아이가 수학 시험에서 한 문제를 틀렸다고 합시다. 충분히 좋은 성적인데도 이렇게 말하는 부모가 있습니다.

"아, 한 문제를 실수로 틀렸구나. 잘했어. 다음에는 실수를 줄여서 100점 맞자."

아이는 이미 실수한 자신을 용서하기 힘든 마음 상태입니다. 여기서 부모의 질책하는 듯한 말까지 더해지면 상황은 더 나빠집니다. 부모 입장에서는 실수로 틀린 것이 안타까워 실수하지 않도록 격려해주고 싶은 것일 수 있지만 그럴 때는 100점은 빼고 아이가 얼마나 많이 노력했는지, 한 문제를 틀린 것도 충분히 좋은 성적이며 아는 문제를 실수로 틀려서 얼마나 속상했을지 마음을 읽어주기만 하면 됩니다.

인정 중독에서 단번에 벗어나기는 어렵습니다. 이미 인정 중독이 심하다면 완벽하지 않아도 괜찮다고 아무리 말해도 아이 스스로 포기하지 못합니다. 이때 필요한 것이 용기입니다. 여기서 용기란 내가 누군가에게 선택되지 않고 버려져도 스스로 살아갈 수 있다는 용기를 말합니다. 이런 용기는 초등 아이가 갖기 어렵습니다. 그래서 인정 중독이 심하면 아이 스스로 벗어나기 어려운 것입니다. 아이들은 조금이라도 버려질 수 있다고 느끼면 죽고 싶을 정도로 막막합니다. 그러니 아이가 어떤 경우에도 사랑받을 수 있다는 믿음을 심어주세요. 또 아이가 타인의 평가에 휘둘리지 않고 자기 자신을 사랑하고 긍정할 수 있도록 도와줘야 합니다. 구체적으로 스스로를 위로할 수 있는 방법을 알려주는 것도 좋습니다.

"너무 힘들겠다. 그렇게 힘들면 울어도 돼."

누군가의 기대에 부응하며 사느라 힘들었던 나를 위해 울어주는 것입니다. 의외로 이것이 자신을 인정하는 첫 단추가 됩니다. 그렇게 실컷 울고 나면 조금씩 용기가 생깁니다. 나를 위해 흘리는 눈물은 자학을 멈추게 해줍니다. 눈물을 흘리는 행위가 자기 위안, 감정적 해방의 창구 역할을 한다는 생각은 최근 심리학자만의 것이 아닙니다. 멀게는 아리스토텔레스 시대까지 거슬러 올라가는 고전적으로 증명된 경험입니다. 당시 아리스토텔레스는 저서 《시학》에서 '카타르시스'라는 개념을 설명하며 예술적 비극을 통해 연민, 두려움 같은 감정이 정화될 수 있다고 말합니다. 현대 우리는 이 비슷한 과정을 드라마나 영화를 보며 체험하고 있습니다.

눈물이 심리적 영역뿐 아니라 신체적 정화 기능까지 해준다는 연구도 발표되고 있습니다. 생화학자 윌리엄 프레이William Frey의 연구에 따르면 슬플 때 흘리는 눈물은 심혈관에 부담을 주는 스트레스 호르몬을 몸 밖으로 배출하는 역할을 한다고 합니다.

아이는 언제 가장 행복할까요? 바로 주변을 의식하지 않고 놀 때입니다. 타인에게 완벽한 인정을 받으려는 아이는 행복한 순간이 별로 없습니다. 초등 사춘기, 살아가면서 중요한 것은 타인의 좋은 평가나 인정이 아니라 스스로 나 자신을 믿는 것임을 배운 아이가 착한 아이가 아닌 행복한 아이가 되고 행복한 어른으로 자랍니다.

진짜 나를 만나는 인문학 질문

사춘기에 꼭 필요한 사유의 도구

2016년 문화체육관광부와 교육부가 공동 입법예고한 후 제정된 '인문학 및 인문정신문화의 진흥에 관한 법률'이 있습니다. 이 법 3조에서는 인문학을 다음과 같이 정의합니다.

인문학이란 인문에 관하여 탐구하는 학문으로서 언어학, 문학, 역사학, 철학, 종교학 등의 학문과 직관, 체험, 표현, 이해, 해석 등 '인문학적 방법론'을 수용하는 제반 학문 및 이에 기반을 둔 융복합 학문 등 관련 학문 분야를 말한다.

이 정의에 따르면 '언어, 문학, 역사, 철학, 종교' 교육이 인문학과 직접 관련된 학문이라고 할 수 있습니다. 초등 시기에는 언어 분야에서 국어와 영어 문학을 배우고 사회 시간에 역사를, 도덕 시간에 철학과 종교를 다룹니다. 인문학과 직접 관련된 학문은 다 접하는 셈입니다. 인문학은 사춘기 고학년 아이들에게 사유의 도구로 사용되므로 이 시기 인문학 교육은 정말 중요합니다. 그런데 교육과정에 '인문학적 방법론'을 접목하기는 쉽지 않습니다. 교사도 그게 대체 뭔지 잘 모르기 때문입니다.

인문학적 방법론은 사회과학이나 자연과학적 방법론과 비교해보면 이해하기 쉽습니다. 사회과학이나 자연과학적 방법론은 주로 경험에 의존하는 귀납법이나 보편적 법칙을 정해놓고 그 법칙에 맞는지 아닌지를 추론하는 연역법을 사용합니다. 반면 인문학적 방법론은 귀납법이나 연역법을 사용하는 것만으로는 인간의 근원 문제를 다루는 데 한계가 있다고 봅니다. 그래서 좀 더 인간 개개인에 접근합니다. 생각하는 과정이 사변적(경험에 의하지 않고 순수한 이성으로 인식하고 설명함)이고 비판적입니다. 아무리 지엽적으로 보이는 것이라도 중요한 변수로 보고 집요하다 싶을 만큼 분석합니다. 어떻게 보면 사춘기 아이들의 사유 방식과도 비슷합니다. 출발점도 따로 없고 지금 내게 문제가 되고 알고 싶다는 동기가 느껴지는 그 부분부터 파고들어 갑니다.

언어에서 인문학을 만나다

사춘기 아이들이 인문학을 제대로 시작하려면 먼저 언어 능력이 갖춰져야 합니다. 사유를 하려면 언어라는 도구가 필요합니다. 내가 사용할 수 있는 어휘가 사유의 폭을 결정합니다. 그래서 아이의 독서 활동이나 부모가 어떤 언어를 사용해 아이와 대화하는지가 무척 중요합니다. 특히 미취학 시기 아직 스스로 책을 읽지 못하는 나이에는 아이의 언어 발달이 전적으로 부모와의 대화에 영향을 받습니다. 다양한 감정 표현, 자세한 설명, 표정과 동작 등 비언어적 표현이 동반된 대화는 사춘기 아이가 인문학적 소양을 쌓는 데 아주 좋은 밑거름이 될 수 있습니다.

사춘기 초등학생이 인문학적 사고를 하면 얼마나 할까 생각할 수 있지만 의외로 아이마다 격차가 큽니다. 요즘 수학이나 영어는 선행학습 탓에 학습 격차가 크다고 하는데 사춘기 아이들의 인문학 소양 격차는 그 이상으로 보입니다. 한번은 6학년 초아와 기초 면담을 하면서 물어봤습니다. 1학년 때부터 지금까지 가장 힘들다고 느낀 학년이 있는지, 있다면 언제, 무엇 때문에 힘들다고 느꼈는지요. 초아는 초등학교 3학년 때 힘들었는데 이유가 외로워서였다고 했습니다. 저는 친구 관계에서 소외감을 느낄 일이나 따돌림이 있었는지 확인하기 위해 혹시 친구들이 어떻게 외롭게 했느냐고 물었습니다. 뜻밖에도 초아는 이런 답변을 했습니다.

"아뇨, 캠핑을 갔는데 밤하늘에 별이 너무 많이 보였고 우주가 너무 넓다는 걸 알아버리니까 갑자기 외로워졌어요."

초아는 그 외로움을 어떻게 해야 할지 몰라 며칠 힘들었다고 말을 이었습니다. 보통 이런 외로움을 철학에서는 '존재론적 고독'이라고 표현합니다. 초등학교 3학년 시기에 존재론적 고독을 느끼고 그로 인해 힘들었으며 그 힘겨움을 외로움이라는 단어로 찾아내고 표현했다는 데 많이 놀랐던 기억이 있습니다. 평소 독서와 꾸준한 글쓰기를 해왔던 아이였기에 가능한 사유였습니다. 이런 인문학적 사유는 자신의 내면을 향한 근원적 질문을 던지게 하고 인생의 갈림길에서 방향을 잡게 해줍니다.

• • •

하루 한 문장 인문학 질문

그런데 아무리 언어 능력이 뛰어나고 풍부한 어휘력을 갖춰도 이를 바탕으로 인문학적 사고를 해볼 기회가 없으면 그 아이는 그냥 단어를 많이 아는 걸어 다니는 사전에 머뭅니다. 따라서 어휘력을 길러준다며 책을 많이 읽으라고 잔소리만 하는 것은 아무 도움이 되지 않습니다.

사춘기 아이들이 인문학적 사고 습관을 자연스럽게 들이려면 평소 질문이 중요합니다. 앞서 간단히 언급했다시피 인문학적 방법론은 사변적이고 비판적이며 분석적입니다. 예를 들면 프랑스의 고등학교 졸업 시험, 보통 '바칼로레아'로 알고 있는 시험이 주로 인문학적 질문입니다.

"사랑이 의무일 수 있는가?"
"우리는 자기 자신에게 거짓말을 할 수 있는가?"
"행복은 인간이 도달 불가능한 것인가?"
"내 감각을 믿을 수 있는가?"

이런 질문에 답을 하려면 인문학적 사고를 할 수 있어야 합니다. 아마 개인마다 답변이 다 다를 텐데 각자의 경험, 비판, 분석 등이 동반되는 답변을 할수록 인문학적 사고를 한 것입니다. 이런 형식의 질문을 사춘기 아이의 언어로 해보면 됩니다.

"이준아, 너는 살아 있다는 걸 어떻게 느낀다고 생각하니?"
"소율아, 네가 즐겨 듣는 음악으로 세상을 바꿀 수 있다고 생각하니?"

"유주야, 네가 누군가를 정말 사랑하게 됐어. 그런데 그 사람이 너한테 거짓말을 해. 그때 네 사랑이 어떻게 될 것 같아?"

어떻게 보면 지금 당장 현실에는 도움이 되지 않는 것 같으면서도 한편으로 언제든 내게 영향을 줄 수 있을 것 같은 본질적인 질문입니다. 보통 부모는 인문학이 중요하다는 것을 알면서도 아이에게는 인문학과는 무관한 질문만 주로 합니다.

"학원은 잘 다녀왔니? 숙제는 다 했니? 수학 문제집은 다 풀었니? 오늘 영어 단어는 몇 개 외웠니?"

어떤가요? 부모가 봐도 인문학적 사고는커녕 그냥 생각 자체를 안 하고 싶어지는 질문 아닌가요? 보통의 경우 부모도 인문학을 어렵게 생각하고 혹여 아이가 "엄마 사랑이 뭐야? 엄마는 아빠 사랑해?" 같은 본질적인 질문을 던지기라도 하면 뭐라고 대답해야 할지 몰라 당황하며 "어? 사랑하지. 쓸데없는 거 묻지 말고 가서 책 읽어"라는 식으로 화제를 돌려 버립니다. 아이에게 인문학적 사고를 할 수 있는 질문을 해주기 위해 부모가 먼저 그 질문의 답을 진지하게 고민해보길 권합니다.

비판적 사고를 기르는 인문학의 힘

　인문학에서 말하는 비판적 사고는 사춘기 아이가 하는 질문과 비슷합니다. 일상에서 당연하다고 생각하는 것을 의심해보는 것입니다. 예를 들어 학교 복도에서 막 뛰어다니는 행동은 학교 규칙에 어긋납니다. 그래서 A학생이 B학생에게 "너 쉬는 시간에 복도에서 뛰어다녔잖아. 내가 다 봤어. 옆 반 애들도 다 봤다니까! 선생님한테 이를 거야"라고 말한다고 해봅시다. 이는 인문학에서 말하는 비판적 사고가 아닙니다. 그냥 규칙을 위반했다는 사실을 나열한 것뿐입니다. 비판적 사고는 '학교 복도에서 뛰어다니는 것이 정말 나쁘기만 할까?' 하고 의심해보는 것입니다. 그러면 다양한 사례가 떠오릅니다.

　'B학생이 뛰어다닌 건 맞지만 만약 많이 아프던 친한 친구의 병이 다 나았다는 소식을 듣고 너무 기뻐서 그런 거라면? 이것도 규칙 위반이니까 잘못된 행동이라고 할 수 있을까?'

　이렇게 개별 사안 하나하나를 분석해 가면서 다시 생각해보는 것입니다. 이것이 인문학에서 말하는 비판적 사고 과정입니다. 비판적 사고라고 하면 왠지 좀 비인간적일 것 같고 다른 사람에게 상처를 줄 것 같은 이미지가 떠오르지만 그렇지 않습니다. 비판적 사고는 당연하다고 규정된 것을 수동적으로 받아들이지 않고 능동적으로 의심해 보면서 문제의 해결책을 찾게 합니다. 이런 능동성은 자기주도적 학습의 출발점이 됩니다.

　마지막으로 초등 사춘기 아이가 공부는 안 하고 노래만 듣고 있어도 너무 나무라지 않았으면 좋겠습니다. 모든 노래 가사가 아이에게 좋은 영향을 준다고 할 순 없지만 적어도 많은 부분 삶이 무엇이고 사랑은, 이별은 무엇인지 말해줍니다. 부모의 학창 시절을 떠올려 보세요. 라디오에서 흘러나오는 노래 가사가 꼭 내 마음 같아 눈물 흘려본 경험이 한 번쯤 있지 않나요? 아이가 삶에서 마주하는 본질적인 질문에 스스로 답을 생각해볼 수 있게 해주는 노래를 들을 여유를 허락해주는 것, 사소하지만 사춘기 아이 인문학적 사고에 실질적인 도움이 되는 일입니다.

나와 세상을 바꾸는 철학

• • •

가르치지 않아도 아이들은 배운다

사춘기는 인문학 중에서도 특히 철학 교육 적기입니다. 엄밀히 말하면 사춘기 아이는 이미 철학자입니다. 단지 어른들이 철학하는 아이를 가만 놔두지 않을 뿐입니다. 사실 사춘기 이전에도 아이는 스스로 철학적 질문을 종종 합니다. 보통 4~5살 정도 되면 아이가 이렇게 묻습니다.

"엄마 죽는 게 뭐야? 죽으면 어떻게 되는 거야?"

사실 이 질문에 명확히 대답해줄 수 있는 사람은 없습니다. 정신분석학적 측면에서 이 질문은 사실 죽음에 대해 묻는 것이 아니라고 합니다. 죽음이 뭐냐고 묻는다는 것은 반대로 사는 게 뭐냐고 묻는 것과 같습니다. 죽어서 어딜 가는 거냐고 묻는 것은 반대로 지금 내가 어디서 왔는지 묻는 것과 같습니다. 누군가 궁금해하라고 가르친 적도 없는데 아이들은 묻습니다. 문제는 이 질문에 어떻게 다가가야 하는지 어른도 모른다는 것입니다. 사실 관심도 없습니다. 부모의 관심은 아이가 한글을 읽게 하고 영어를 듣게 하고 수학 학습지를 풀게 하는 데 있으니까요. 아이는 본능적으로 철학적 사고를 하려 하는데 초반부터 막혀버립니다.

  세상을 움직이고 변화시키는 첫걸음은 '의심'입니다. 사춘기 아이의 특징은 의심을 구체적으로 하기 시작한다는 것입니다. 의심이 의식을 전환시키고 의식의 전환이 환경이나 삶의 방식, 더 나아가 제도나 법, 시스템을 바꾸는 원동력이 됩니다. 실제로 신분이 나눠져 있던 옛날, 양반들은 그들이 부리는 종, 상놈이 글자를 배우길 원치 않았습니다. 글을 배우고 깨우쳐 왜 우리는 종으로 태어나 평생 종으로 살아야 하는지 의심하기 시작하면 신분 질서가 무너지기 때문입니다. 아무런 의심 없이 그냥 그렇게 태어난 대로 죽을 때까지 살아줘야 양반과 천민이 있는 사회 시스템이 잘 유지될 수 있습니다.

그러니 이렇게 말할 수 있습니다. 누구든 의심하지 않으면 지금 상황에 안주한 채 노예로 살게 됩니다. 생각하는 대로 살지 않으면 사는 대로 생각하게 된다는 말도 있습니다. 부모 중 내 아이가 평생을 시대와 사회의 노예로 살길 원하는 사람은 없을 것입니다. 사춘기 아이의 구체적인 의심을 '쓸데없는 소리'로 치부해서는 안 되는 이유입니다.

• • •

의심은 나쁜 거 아닌가요?

따라서 사춘기 아이에게 철학 교육을 할 때 맨 처음 알려줄 것이 있습니다.

"의심해도 된다."

그 어떤 것이든 의심해도 나쁜 것이 아니라는 사실을 자연스럽게 알게 해줘야 합니다. 보통 우리는 의심은 부정적인 것, 신뢰는 긍정적인 것으로 가르칩니다. 이는 철학 교육과 상충합니다. 기본적으로 철학은 수많은 질문을 통해 이뤄집니다. 그 질문의 기초가 되는 것이 바로 의심입니다. 사춘기에 의심을 자주 접할

수록 철학적 사고에 더욱 근접하게 됩니다.

6학년 학급에서 효녀 심청 이야기로 아이들과 의견을 나눠본 적이 있습니다. 아이들이 직접 질문을 만들게 했더니 이런 의심 가득한 질문을 내놨습니다.

"심청이가 바다에 몸을 던지고 나서 아버지가 눈을 뜨면 아버지는 정말 행복할까?"
"만약 아버지가 눈을 뜨고 심청이가 스스로 몸을 던진 걸 안다면 슬퍼하지 않을까?"
"그렇다면 그걸 효라고 할 수 있을까?"

이런 질문이 쏟아져 나오면 이제부터가 중요합니다. 철학 교육은 이 질문에 아이들의 답을 요구하거나 모범 답안을 제시하는 것이 아닙니다. 스스로 질문할 수 있도록 의심의 씨앗을 품게 하는 것으로 충분합니다. 이것이 사춘기 철학 교육입니다. 만약 이 질문에 섣부른 대답을 해주면 아이의 사고는 더는 확장되지 못합니다. 질문에 대한 선택과 결정은 어디까지나 아이 몫입니다. 따라서 어른이 해줄 답변은 간단합니다.

"오, 다른 측면에서 바라봤구나. 좋은 질문이네."

좋은 질문이라는 답변을 들은 사춘기 아이는 이제 일상에서도 이런 질문을 이어 나갑니다. 그리고 스스로 선택하고 결정하게 됩니다.

책을 읽게 할 때도 마찬가지입니다. 보통은 책을 읽고 독후감을 쓸 때 내용을 요약한 줄거리를 적고 마지막에 감상을 약간 덧붙이게 합니다. 이것은 철학적 책 읽기가 아닙니다. 철학적 책 읽기에는 책 내용에 오류가 없는지 살피고 오류를 바탕으로 합리적 의심을 하는 과정이 필요합니다. 따라서 독후감에는 책을 읽으며 궁금했거나 이상하다고 느낀 부분 혹은 이해되지 않는 부분을 적게 합니다. 답은 몰라도 됩니다. 읽은 내용에 대해 합리적 의심을 하고 그 의심을 질문으로 바꿔 독후감에 적게 하면 그것만으로 아주 좋은 철학 노트, 철학적 글쓰기가 됩니다.

· · ·

가르치지 말고 경험하게 하라

사춘기 아이에게 철학 교육이 적기라고 해서 고대 자연철학자부터 소크라테스, 플라톤, 아리스토텔레스, 헬레니즘 시대 에피쿠로스, 스토아학파, 중세 교부철학, 스콜라철학 같은 것을 알려주라는 말은 아닙니다. 철학자 이름만 들어도 아이들은 낯설어합니다. 그러면 자칫 철학을 또 하나의 암기 교과처럼 만들어 버리고 맙니다. 차라리 철학 수업을 안 하느니만 못한 상황입니다. 그보다는 앞에서 언급한 대로 스스로 철학적 질문을 해보고 또 답해보는 활동이 더 효과적입니다.

무엇보다 철학을 '학문'이 아닌 '체험'으로 느끼게 해주는 것이 좋습니다. 예를 들어 과학을 좋아하는 아이가 있다고 합시다. 그 중에서도 생물, 곤충을 무척 좋아합니다. 그러면 보통 곤충도감을 보거나 숲에 가서 곤충을 직접 잡아 곤충 표본을 만들거나 곤충 박물관 견학을 갑니다. 과학을 체험하는 것입니다. 이때 철학 체험을 하나 덧붙여줄 수 있습니다.

"이 곤충도 생명이 있는데, 곤충이 지닌 생명의 가치는 얼마일까?"

곤충의 다리는 6개고 더듬이가 있고 같은 관찰을 하는 데만 머무르지 말고 곤충과 관련된 철학적 질문을 해보는 것입니다. 이 과정이 생태윤리학도 탄생시키고 환경운동으로도 이어집니다. 그렇게 철학이 체험됩니다.

알면서 저지른 잘못이 나쁠까요, 모르고 저지른 잘못이 나쁠까요? 철학에서는 모르고 저지른 잘못이 더 나쁘다고 말합니다. 알면서 잘못한 사람은 적어도 자신이 뭘 잘못했는지는 알지만 모르고 잘못을 저지른 사람은 계속 모른 채 잘못을 반복할 수 있기 때문입니다. 철학은 이렇게 무지함을 가장 경계하는 학문입니다. 그래서 무지를 '악'이라고까지 합니다. 사춘기 아이에게 철학을 가르친다는 것은 삶의 무지함에서 깨어나게 해주는 좋은 무기를 쥐여주는 것입니다. 아이가 자신의 세계를 이끌어갈 시기가 됐을 때 무지함에서 오는 악을 저지르지 않도록 꼭 철학적으로 사고할 수 있길 희망해 봅니다.

☆ 선호쌤의 사이다 한 잔 ☆

사춘기 아이, 이렇게 교육하세요

- 알고리즘에 의해 편향된 사고와 왜곡된 가치관을 갖지 않도록 현실의 다양한 문제에 관해 대화를 자주 나누세요. 6색 사고 모자 기법을 가정에서 활용해보는 것도 좋습니다.
- 아이가 인정 중독에 빠져 자신의 감정을 외면하지 않도록 아이에게 존재 자체만으로 사랑받을 가치가 충분함을 알려주세요.
- 인문학은 사유의 도구입니다. 아이가 언어 능력을 기를 수 있도록 다양한 어휘와 비언어적 표현을 사용해 대화를 나누고 비판적 사고 능력을 기를 수 있도록 인문학적 질문을 자주 던져주세요.
- 사춘기는 철학 교육 적기입니다. 먼저 의심이 나쁜 것이 아님을 알려주고 의심하는 연습을 통해 철학적 사고를 할 수 있게 해주세요.

에필로그

사춘기,
이별을 준비하는 시간

자녀의 사춘기에 에너지를 다 소진한 부모가 말합니다.

"선생님, 우리 아이가 도저히 바뀔 것 같지 않아요."

아이도 상담할 때 똑같은 말을 합니다.

"선생님, 우리 엄마는요, 바뀌지 않을 거예요. 절망이에요."

부모든 아이든 지금 상황이 끝나지 않을 거라 생각합니다. 아니요, 사춘기는 끝납니다. 단지 지금이 아닐 뿐입니다.

　뭔가 끝나지 않고 영원할 것 같을 때 필요한 것은 잠깐의 휴식입니다. 그 흐름을 끊어주는 것입니다. 몸을 이완하고 잠을 푹 잡니다. 사춘기, 아이는 어른을 꿈꾸고 부모는 품 안의 자식과 이별을 준비합니다. 늘 다정했던 우리 아이와 정서적 이별을 맞이하려면 시간이 필요합니다. 나 자신을 애도할 시간은 생각도 못한 채 자녀의 사춘기 속으로 같이 빠져들지 않길 바랍니다. 우리 아이는 스스로 일어설 준비를 하고 있을 뿐입니다. 그런데 그 시기가 앞당겨진 바람에 부모인 내가 많이 혼란스러웠을 뿐 근본적인 이유는 변함이 없습니다. 그래도 10년 가까이 잘 살아왔습니다. 그것만으로도 잘한 것입니다. 우리 아이가 사춘기를 맞이했다는 것은 한편으로 그래도 부모인 내가 나름 중간 이상은 했다는 반증이기도 합니다.

　바람 부는 날 창문을 열고 대문 밖을 뛰어다닌다고 날씨가 좋아지지 않습니다. 우리 아이는 잠시 비를 맞으며 뛰어다니길 바라는 것뿐입니다. 아이가 춥다고 들어왔을 때 따뜻한 코코아 한 잔을 줄 준비만 해주면 됩니다.

적어도 이 책을 읽은 부모는 사춘기 자녀와 건강한 분리를 이룰 것입니다. 아이와 부모 모두 자유로움을 맛보게 될 것입니다. 단지 지금이 아닐 뿐입니다.

아직도 무더운 9월 어느 날,
초등교육전문가 사이다쌤 김선호

요즘 초등 사춘기
부모님만 모르고 있습니다

초판 1쇄 발행 · 2024년 10월 25일

지은이 · 김선호
발행인 · 이종원
발행처 · (주)도서출판 길벗
출판사 등록일 · 1990년 12월 24일
주소 · 서울시 마포구 월드컵로 10길 56 (서교동)
대표 전화 · 02)332-0931 | **팩스** · 02)323-0586
홈페이지 · www.gilbut.co.kr | **이메일** · gilbut@gilbut.co.kr

책임편집 · 이미현(lmh@gilbut.co.kr), 황지영 | **마케팅** · 이수미, 장봉석, 최소영 | **유통혁신** · 한준희
제작 · 이준호, 손일순, 이진혁 | **영업관리** · 김명자, 심선숙, 정경화 | **독자지원** · 윤정아

교정교열 · 강설빔 | **디자인** · 정윤경 | **인쇄** · 상지사 | **인쇄** · 신정문화사

- 잘못 만든 책은 구입한 서점에서 바꿔 드립니다.
- 이 책은 저작권법에 따라 보호받는 저작물이므로 무단전재와 무단복제를 금합니다.
- 이 책의 전부 또는 일부를 이용하려면 반드시 사전에 저작권자와 출판사 이름의 서면 동의를 받아야 합니다.

ISBN 979-11-407-1120-8 03590
(길벗 도서번호 050213)

독자의 1초까지 아껴주는 정성 길벗출판사

(주)도서출판 길벗 | IT교육서, IT단행본, 경제경영서, 어학&실용서, 인문교양서, 자녀교육서 www.gilbut.co.kr
길벗스쿨 | 국어학습, 수학학습, 어린이교양, 주니어 어학학습, 학습단행본 www.gilbutschool.co.kr